稻盛哲学精要

王光波 著

中国华侨出版社
北京

人应该怎样活着，人生的目的到底是什么？当有人问稻盛和夫"人为什么来到这个世上"时，他毫不夸耀地回答："是为了比出生时有一点点的进步，或者说是为了带着更美一点、更崇高一点的灵魂死去。"

人生在世，直到临终咽气的那一刻为止，都是在体验各种各样的苦和乐，在幸与不幸的浪潮冲刷中，不屈不挠地努力活着，我们应把这个过程当作一场修行，不断提升自己的人格，砥砺自己的灵魂。

具体怎么做才能砥砺人格，磨炼精神呢？是否需要身居山中或逆流搏击等特别的修行呢？稻盛和夫认为，人生的修行并不需要脱离世俗社会，一心扑在工作上是最重要的。专心致志于眼前所从事的工作，是提高自我身心修养、磨砺人格的最重要、最有效的方法。通过每天辛勤的工作，就一定能在形成高尚人格的同时获得一个美好的人生。

不少世间少有的英才，由于没有崇高的精神而误入歧途。在风云变幻的商业世界中，他们经营企业一切以自我为中心，唯利是图，抛弃了做人的伦理道德，不顾影响，不讲诚信，最后在没有目标、没有底线、没有价值的人生中迷失。这些聪明而又有才华的人为什么反而不能取得成功呢？有才华的人过于相信自己的实力，往往容易向错误方向发展，这样的人，即使凭其才智成功一次，但过分依赖才智、缺乏道德约束终将走上失败的歧途。

如何才能找到正确的方向呢？那就必须先找到做人的准则。做人的准则正确与否，是决定一个人一生能否成功的关键。这是类似父母给子女言传身教的简单而朴素的教导，是人类自古培养起来的伦理和道德。

京瓷公司是稻盛和夫 27 岁时和友人一起创办的，那时的稻盛可以说是经营的门外汉，缺乏经营的谋略和经验。怎样做才能使公司经营顺利，当时所有人都无计可施、束手无策。稻盛的做法很简单：下定决心坚持正确的做人准则，用正确的方法做正确的事。

也就是说，不许撒谎、不许给他人添麻烦、要正直、不得贪得无厌、不许只考虑个人的利益等，这些任何人在孩提时代都曾经受到过的教育——却随着长大成人逐渐遗忘的单纯的规范，稻盛把它们作为经营的方针，作为必须遵守的判断标准。凭着这些简单的准则，京瓷最终成为世界第一的陶瓷公司。

在稻盛和夫眼中，做企业就是做人，或者说人生和经营是相通的。企业的命运就是个人的命运，保持怎样的想法就有怎样的结果。树立超乎常人的信念，并为之付出不亚于任何人的努力，就一定能成功。

这些就是稻盛哲学，每个人都能从这种哲学当中获得自己想要的东西。本书正是这样一本体现"稻盛哲学"的书。它囊括了稻盛和夫对工作、对企业经营、对个人立业、对与他人相处的全部智慧，这些思想精髓在当下有着十分重要的现实意义。立定做人的原则，并贯彻到底，正是当务之急。唯有如此，才是让人生走向成功与荣耀，社会走向和谐与幸福的不二法门。如果这本书能在读者思考人生之际，发挥些许提示的作用，那将是我们最大的安慰。

目 录
CONTENTS

第四章

经营哲学：企业的经营，亦即人心的经营

第五章

领导哲学：阿米巴管理模式

第六章

危机哲学：在逆境中迎风飞扬

第一章

人生哲学：寻找你自己的人生王道

人皆可圣：人生的目的在于追求美好心灵

拼尽全力，活在当下这一刻

所有的一切都发生于当下，过好每一天，才能找到真正的力量，发现通往幸福之路的入口。不会把握当下的人，即使有多宏伟的目标也只是夸夸其谈，如沙漠中的海市蜃楼，无法企及。

【人生悟语】

做好眼前的事，才能创造出最有希望的生活和最有价值的人生。

稻盛先生告诉我们，做好眼前的事，才能创造出最有希望的生活和最有价值的人生。持续过好内容充实的"今天"这一天——这个观点在京瓷的经营中无时无刻不体现出来。

稻盛和夫的京瓷公司创建至今，从来不做中长期经营计划。新闻记者们采访他的时候，经常提出想听一听他们的中长期经营计划。而当稻盛回答"我们从不设立长期的经营计划"时，他们便觉得不可思议，露出疑惑的神情。

稻盛对此做出了解释：因为自己不能够预见将来，所以这种所谓的中长期计划基本上都会因无法实现，导致以"谎言"的结局而告终。他认为"多少年后销售额要达到多少，人员增加到多少，设备投资如何如何"这一类蓝图，不管你怎样着力地描绘，但事实上，都无法超越环境变化、意外的发生而实现。这时就不得不改变计划，或调整数据。有时甚至要无奈地放弃整个计划。这样的计划变更如果频繁发生，就会让员工对公司失去信心，他们就会轻视计划，不把它当回事。最终还会降低员工的士气和工作热情。

同时，目标越是远大，为达成目的，就越需要持续付出不寻常的努力。但是，员工们付出再多努力，如果仍然离终点很远，他们就难免泄气。"目标虽然没达成，能这样也就可以了，差不多就行了！"人们常常会在中途泄气。从心理学的角度看，如果达到目标的过程太长，也就是说，设置的目标过于远大，往往在中途就会遭遇挫折。与其中途就要作废，不如一开始就不要建立。

自京瓷创业以来，稻盛和夫只用心于建立一年的年度经营计划。3年、5年之后的事情，谁也无法准确预测，但是这一年的发展情况，他大致能看清，不至于太离谱。只要做好这一年的年度经营计划中每个月、每一天的工作，成功也就离你不远了。

在稻盛先生的经验中，做年度计划，就要细化成每个月，甚至每一天的具体目标，然后千方百计努力达成，活在当下这一刻，过好这一刻无论是对我们的事业还是日常生活都有很重要的意义。

清晨，当我们睁开眼睛的时候，深吸一口新鲜空气，抱着这样一个心态：今天一天努力干吧，以今天一天的勤奋就一定能看清明天。这个月努力干吧，以这一个月的勤奋就一定能看清下个月。今年一年努力干吧，以今年一年的勤奋就一定能看清明年。

就这样，每天在"拼尽全力，活在当下这一刻"的自我暗示和勉励下，每一瞬间都会过得非常充实，就像跨过一座座小山。小小的成就连绵不断地积累、无限地持续，这样，乍看宏大高远的目标就一定能实现，正如荀子在《劝学》中所说"不积跬步，无以至千里，不积小流，无以成江海"。

"拼尽全力，活在当下这一刻"在稻盛和夫的人生理念中，就是最确实的取胜之道。

人生是为心的修行而设立的道场

生活中，我们无休止地追求金钱、地位、名誉，乐此不疲。此外，盼望出人头地，也是人生的动力之一，这当然不应一律加以否定。但是在我们拼命追逐这些东西的时候，也时常会向自己提出这样的疑问：

【人生悟语】

人生是为心的修行而设立的道场。人生的目的就是在灾难和幸运的考验中磨炼自己的心志、磨炼灵魂，造就美丽的心灵。

"人类活着的意义、人生的目的到底是什么？"

对于这个颇具哲学意味的疑问，稻盛和夫做出了直接回答，那就是提高身心修养，修炼灵魂。

稻盛先生认为，人生是为心的修行而设立的道场。人生的目的就是在灾难和幸运的考验中磨炼自己的心志、磨炼灵魂，造就美丽的心灵。他认为人之所以来到这个世上，是为了比出生时更为进步，或者说是为了带着更美好、更崇高的灵魂死去。

人生在世苦难多，正是这样的苦难，才更有利于修炼灵魂，也是考验人性的绝佳机会。所谓今生，是一个为了提高身心修养而得到的期限，是为了修炼灵魂而得到的场所。在稻盛先生的人生经历中，除了取得事业上的巨大成功，他一直践行着"提高身心修养，磨炼灵魂"。

稻盛和夫在42年的商业人生中，缔造了京瓷和第二电电两个世界500强公司。稻盛留给世界的财富，除了追求全体员工物质和精神两方面的幸福，同时，要为人类社会的进步和发展做出贡献。

京瓷尽量让员工持有股份，这是因为稻盛不单单把员工当作劳动者，而是把他们视为同志和合作伙伴。1984年，稻盛把自己17亿日元的股份赠予1.2万名员工。稻盛的做法十分罕见。与美国梦大相径庭，稻盛和夫的想法和做法，纯粹是一个"日本梦"，让满怀理想振兴企业的人有了一个新的坐标。

在1985年，投入他所持京瓷公司的股票和现金等个人财产200亿日元成立稻盛财团，创设了"京都奖"。每年从全球挑选出在尖端技术、基础科学、思想艺术等各个领域取得优异成绩、做出杰出贡献的人士进行表彰，颂扬他们的功绩。

1997年，65岁的稻盛和夫身患胃癌，匆忙手术的两个月后，宣布退居二线，只担任名誉会长，并正式皈依佛门。自皈依佛门后，稻盛和夫将大部分时间用于慈善事业和到世界各地演讲。

稻盛先生有着"奉献于社会、奉献于人类的工作是一个人最崇高的行为"的个人信念，他不仅在事业上取得了巨大的成功，而且在这个过程中也磨炼了自己高尚的灵魂和崇高的人格，受到人们的尊敬。

无论一个人创造了多少物质财富，它们都只限于今生，即使积攒再多也带不到来世去。今生之物只限今世。如果说今生之物中有一样永不灭绝的东西，那就是"灵魂"，正如稻盛和夫所说"人生是为心的修行而设立的道场"，只有属于灵魂的才是永远的。

好坏交替才是完整的人生轨迹

人生难免有挫折，我们总会抱怨人生事事都不如自己所愿，有的时候，会感觉怀才不遇，施展不开；有的时候会感觉不受重视，所有的努力，做出的成果，不受肯定，无人欣赏。挫折，确实是人生中不可避免的，关键是我们如何对待这些困难，俗话说，上帝为你关上一扇门，一定会为你打开一扇窗。

【人生悟语】

好坏交替才是完整的人生轨迹。人生的道路布满了荆棘，同时也有快乐的时光，有让我们感到幸福与成功的时刻，关键是保持正面的看法，用毫不动摇的决心努力去面对人生中的失败与成功。

在稻盛先生看来，好坏交替才是完整的人生轨迹。人生的道路既布满了荆棘，同时也有快乐的时光，有让我们感到幸福与成功的时刻，关键是保持正面的看法，用毫不动摇的决心努力去面对人生中的失败与成功。

这是发生在稻盛年轻时的事，当时的他在事业上一路碰壁，十分无助。

稻盛年轻的时候一直运气不好，做什么都不顺利。但他相信上苍一定会一视同仁，23岁以前，他遭遇许多不幸，后来，大学的竹下老师给稻盛和夫介绍了京都的"松风工业公司"——一家制造输电用绝缘瓷瓶的企业。竹下先生说："在那里，我有熟人，已同意录用你，你看怎样？"他当即低头表示感谢："那就拜托您了。"心里有说不出的高兴。

但是，瓷瓶以及陶瓷属于无机化学的领域，和稻盛的专业有机化学不对口。这家公司需要研究陶瓷的毕业生，于是他就急忙找了一位无机化学的教授，以鹿儿岛"人来"这个地方出产的一种优质黏土为对象，进行了半年的研究，作为研究成果，写了篇毕业论文。

决定去就职的"松风工业"，是日本第一家制造耐高压绝缘瓷瓶的企业，过去曾经风光一时。听说是京都的"名门企业"，而且是制造瓷瓶的有实力的公司，他父母就放心了。

稻盛带着手头仅有的一点钱，从鹿儿岛来到京都，进入"松风工业公司"。但他很快发现这家公司的经营状况非常严峻，等候发薪的一个月内，凑合着好歹熬过去了，但到发薪日，公司却告之说："发工资的钱还没准备好，请大家再等一星期。"无奈等了一个星期，公司又说还要再等一个星期——公司的资金周转十分困难。

带着父母兄弟的鼓励和期望，好不容易来到京都，稻盛和夫想不到自己职业生涯的开始竟如此寒酸、如此狼狈。

稻盛先生的前半生，正如故事中所展现的那样，可以说是挫折连连，真是干什么都不如意。但是现在回头看，他意识到，这种种挫折乃是上苍为提升自己而特意赐予的磨炼和考验，人的能力正是在这种磨炼和考验中才能无限伸展。

在事业上屡屡受挫，困难重重的时候，稻盛先生没有气馁，而是用正确的态度对待考验，最终迎来了成功。稻盛先生的经历给我们的启示是，即使是在最难熬的逆境中，也要永远保持快乐的心情、积极的态度，并充满热诚。要拥有开阔的心胸、时时不忘实现自己的目标。不要因为接踵而来的挑战，就朝负面的方向想，变得悲观而愤世嫉俗，要把所有的疑虑、负面的想法从心中根除，请牢记稻盛和夫的话："好坏交替才是完整的人生轨迹。"

持有正面的思维方式就会有幸福的人生

两个人被关在同一间牢房里，在一个晴朗的夜晚，他们同时向窗外望去。快乐的人抬起头：啊，好美的星空，我出去后一定要好好享受这样的美景；苦恼的人低下头：怎么又是黑漆漆的泥土！

对于这个故事，我们一定不会陌生。但是生活中的你，是一个快乐的人还是苦恼的人呢？

不同的人在同样的环境中对待同样的事物，却有着截然相反的

【人生悟语】

人生和事业的成功需要保持正确的思维方式，充满热情，提升能力，持有正面的思维方式显得极其重要，因为有了正面的思维方式，才会有幸福的人生。

想法，这是他们对待事物的态度和思维方式不同造成的。

思维方式对人们的言行有决定性的作用，正面思维使我们处理任何事情时都能以积极、主动、乐观的态度去思考和行动，促使事物朝有利于自己的方向转化。它使人在逆境中更加坚强，在顺境中脱颖而出，变不利为有利，从优秀到卓越。

稻盛先生在北京大学的演讲"经营为什么需要哲学"中提出：人生和事业的成功需要保持正确的思维方式，充满热情，提升能力，持有正面的思维方式显得极其重要，因为有了正面的思维方式，才会有幸福的人生。

一切文明成果都是正面思维的结果，正面思维的本质就是发挥人的主观能动性，挖掘潜力，体现人的创造性和价值，它帮助人们从认知上改变命运，每个人都应该学会用正面思维来管理自己。

稻盛先生向我们列举了许多正面思维方式的表现，积极向上、具有建设性；善于与人合作，有协调性；性格开朗，对事物持肯定态度；充满善意；能同情他人、宽厚待人；诚实、正直；谦虚谨慎；勤奋努力；不自私，戒贪欲；有感恩心，懂得知足；能克制自己的欲望，等等。

稻盛先生指出，人生很多的失败，往往是因为"思维方式"变成负值，这类负面的"思维方式"如果不改正，不管你有多少财富，你都不可能有幸福的人生。要度过幸福的人生，就要把工作做到最好、事业做到最大，无论如何必须具备正确而且正面的"思维方式"。

锻造美心：人的进步就是比降世之初更美好

心胸开阔，才能察觉出生命的至福

一个人生活在社会的大家庭当中，总要与人相处，与外界发生各种联系。学会与他人和谐共处，建立融洽的人际关系，是幸福与成功的必要条件，在这个过程中，最重要的是豁达大度，要善于容纳与自己志趣、爱好和风格不同的人。

【人生悟语】

用开阔的心胸容人容事，是一种精神、一种品质、一种境界，它使人们具备一个比海洋、比天空更为宽广的内心世界。

法国大文学家雨果曾经说过："世界上最宽阔的是海洋，比海洋更宽阔的是天空，比天空更宽阔的是人的胸怀。"

一个人，如果真的拥有了比天空和海洋还宽广的胸怀，那他遇到什么矛盾和难题，都会想得通，都会正确地处理，这种宽宏大度是一种美德，是一种风度，是一种仁爱的无私境界。

心胸开阔，才能察觉出生命的幸福与美好，人生之路要宽以待人，成功之路更是要以宽广的心来对待。这是稻盛先生告诉我们的一条处世哲学。

中国有一句古话："壁立千仞，无欲则刚；海纳百川，有容乃大。"心胸宽阔，是做人的一种崇高境界。

古代有个叫张崇的人，年轻的时候在山坡上放牛，没多久张崇便不知不觉地打起盹来。这时，他被一声牛叫惊醒，他看到自己的邻居蹑手蹑脚地抓起缰绳，把自己家的牛牵走了。

张崇并没有马上喊叫起来，他很了解这个邻居的情况，由于家里贫困，邻居家已经很久没吃上肉了。张崇从地上起来，不动声色地跟在邻居后面。

到了邻居家后，张崇看到邻居正在磨刀，看样子是要宰牛。此时，邻居发现张崇立在一旁，顿时满脸羞愧，拿刀的手不知往哪里放。张崇并没有责怪邻居，而是对他说了一个故事。

原来，张崇小时候家里的日子过得很艰难，常常吃了上顿没下顿，一次，他跑到一户人家的地里，偷了一个西瓜，主人发现后并没有说什么，而是从地里又拿来一些西瓜给张崇吃，临走还让他捎上几个。

过了十几年，张崇在京城当了官，经常对手下人讲起这两个故事，说："我用我自己的行为去感染对方，这要比责骂杀头有用得多，如果天下人都这么做，那么我们就能看到太平之世了。"

在事业上，一个优秀的领导者用人需要雅量，用人的时候，不是看谁跟你有过节，谁跟你关系最好，而是看谁最有能力，谁才是你最需要的人才，一个企业领导，要是能做到像张崇这般不计个人恩怨，就能看到企业发展的希望，只有有了开阔的心胸，才会客观公正地评价人、举荐人、选拔人、使用人，才能科学地办好事、办实事；有了开阔的心胸，才会有威信，才能感召部属、团结同志，把全体员工的力量聚集起来，大家心往一处想，劲往一处使，"山不辞土故能成其高，海不辞水故能成其大"。无论一个人还是一个集体，要成就大事业，创造骄人的成绩，必须有高山的气度、大海的胸怀，勇于吸收好的东西，使之为我所用。山锐则不高，水狭则不深。心胸狭隘，是难有大作为的。

稻盛先生认为，用开阔的心胸容人容事，是一种精神、一种品质、一种境界，它使人们具备一个比海洋、比天空更为宽广的内心世界。拥有开阔心胸，能容纳万事和万物，能化解冲突和误会，能平衡喜怒和哀乐，能经受胜利和挫折，能善待艰难和幸运，能战胜狭隘和固执，能超脱世俗和诱惑，能丢弃烦恼和失落，能保持清醒和愉快，能拥有朋友和友谊。

宽广的胸怀能包容大千世界，使千差万别迥然不同的人和谐地融为一个整体，能化解矛盾的芥蒂，消除猜疑、嫉妒和憎恨，做一个心胸宽广的人。当人类从"小我"中走出来，精神升华净化了，就会心态平衡，不会再小肚鸡肠，不再为烦恼所困，在这个和谐美好的世界里你将会嗅到幸福的芳香。

最尊贵的行为，就是为他人奉献

高尔基曾说："你要记住，永远要愉快地多给别人，少从别人那里拿取。"在现代的生活中，在日趋激烈的竞争中，很多时候，我们变得以自我为中心，总想着别人应该给我们什么，却很少去思考自己应该为别人奉献什么。

稻盛先生成功的事业中，"利他""学会奉献"的经营理念给我们一个思考人生的平台。稻盛先生认为，人活一生，并不是非要做出惊天动地的大事才有意义，我们不能使自己伟大，但可以让自己崇高，平凡的工作岗位同样能够体现一个人的价值，忠于自己的本职，尽最大努力对社会做出奉献，就是一个了不起的人。

【人生悟语】

　　人活一生，并不是非要做出惊天动地的大事才有意义，我们不能使自己伟大，但可以让自己崇高，平凡的工作岗位同样能够体现一个人的价值，忠于自己的本职，尽最大努力对社会做出奉献，就是一个了不起的人。

"利他，学会奉献"同时也是稻盛先生的经营之道，在获取个人利益的同时，也不忘奉献社会。

京瓷公司的经营理念是："在追求全体员工物质和精神两方面幸福的同时，要为人类社会的进步和发展做出贡献。"企业经营的首要目的是实现员工的幸福生活。但是，如果仅仅如此的话，那将是为某一个企业牟利的自私行为。作为社会的公器，企业有为世界、为人类尽心尽力的责任和义务。

正因为如此，京瓷公司后来业务才发展得很顺利。这时，从"利己"经营转变为"利他"经营，这种经营理念慢慢传播开来。

创业伊始，稻盛和夫就这样用心来经营。创业数年后，公司经济基础得到稳固时，把年终奖金一个个交到员工的手里以后，还建议他们考虑一下拿出奖金的一部分捐献给社会。职工拿出一点点钱，公司也提供与其等同额度的钱，捐献给那些连新年年糕都买不起的穷人。员工们对此很赞同，爽快地捐献了一部分奖金。这是京瓷公司所从事的各种社会公益事业的开端，这种精神今天仍在继续，没有改变。

也就是说，从创业初期稻盛和夫就在努力实践利他精神，即把自己辛勤汗水的结晶哪怕是一小部分用于他人，使它有益于社会，为他人做出奉献。

随着京瓷公司不断发展壮大，稻盛和夫的个人资产也与日俱增，但是他知道这是在大家的支持和帮助下获得的，绝不能据为私有。稻盛认为，社会给他的，或者说社会暂时给他保管的资产要以有益于社会的形式还原于社会才符合道理。

在稻盛和夫的企业经营取得巨大成功的同时，他的社会慈善事业受到高度评价，2003年，他被卡内基协会授予"安德鲁·卡内基博爱奖"。在过去的获奖者中，有比尔·盖茨、乔治·索罗斯、特德·塔纳等世界级慈善家。稻盛和夫作为第一个获此殊荣的日本人，在颁奖仪式上这样说道：

"我是工作'一边倒'的人，我创办了京瓷和第二电电两家企业，并幸运取得了超出预想的发展成果，也积累了一大笔财富。我对卡内基说的'个人的财富应该用于社会的利益'这句话十分认同。因为我自己以前也有这样的想法，财富得自天，应该奉献于社会、奉献于人类，因此我着手开展了许许多多的社会事业和慈善事业。"

俗话说"君子爱财，取之有道"，稻盛和夫认为，除此之外"君子疏财亦有道"，在他的人生中，"用利他精神赚取的钱财应该以利他的精神使用"。这是他一直坚持的信念，怀着一颗乐于奉献的心，用这样正确的"散财"方式为社会做贡献。

最尊贵的行为，就是为他人奉献什么。虽然不是每个人都可以取得像稻盛一样的伟大成功，但以奉献的名义，我们应该身体力行的是：以仁爱之心待人，以敬重的态度从业；善待自己，尊重他人；付出你应该付出的，给予你能够给予的。实实在在地做人，兢兢业业地做事，力所能及地给予，在奉献的过程中塑造我们美丽的心灵！

为什么要重视道德

道德，是一种美德，是一种财富，更是一种智慧。

道德是一双温柔的手，推开封锁在心里的窗；道德是一扇窗，窗外是美好的天空；道德是一片晴朗的天空，它孕育着无数纯洁的心灵。道德是社会中自然而然形成的一个行为规范，获得别人信任的一个标准。

【人生悟语】

第二次世界大战之后的日本，都市化为废墟，经济处于瘫痪的状态，人们的生活十分困难，面对一个百废待兴的严峻状况，当时的日本正处在重大的历史转折关头。然而，重新认识和思考道德，对于今后的日本而言，极为重要。

康德曾说："这世界上只有两种东西能引起人心的震动。一个是我们头上灿烂的星空，另一个是我们心中崇高的道德。"

稻盛先生是个重视道德的人，在一次演讲中，他这样对正在成长的青少年说："青少年朋友们，在今后的人生中你们要学习许多东西，其中切不可忘记的就是要提高自己的品格。人品好、人性好这是做人最高的价值所在。比起具备一些知识以及创造性，更为重要的是人的品格，重视提高道德修养。"

在学习中，在一个班级里，若是有人跋扈、欺骗别人、使坏心眼，其他同学的心情就会不愉快。走上社会，如果周围的人总是说别人的坏话，那样的气氛将令人窒息。

为了达到理想中的生活目标，我们必须增加自身的创造力、提升自己的创造性，但是，在努力提高自己创造性的时候，如果不顾他人，放纵自己为所欲为，那你很难与他人顺利合作。这时候需要学习的就是"道德"。

回顾历史就会明白，生活在一个国家或社会里的人们，如果他们的道德意识薄弱，这个国家就会衰落，治安就会恶化，国力也将衰退。相反，道德意识强的国家，即使一时经济困难，因为国民都认真努力，将来也必然会有大的发展。

稻盛先生曾讲过这样的话：

战败后的日本，城市都化为废墟，但此后国民齐心协力、拼命工作，取得了惊人的发展。

特别是产业的发展引人注目，在汽车领域、电器产品领域，日本企业利用卓越的技术创造了尖端的产品，对世界经济的发展做出了巨大的贡献。为创建高度的信息化社会、互联网社会，日本大量生产和提供高性能的电子零部件，也做出了巨大的贡献。

同时，随着制造业的发展，金融和流通等服务性行业也得到了长足的发展。就这样，战败后的日本，全体国民认真地、拼命地努力工作，获得的经济发展被人们称为"奇迹般的复兴"，一个小小的岛国变成了世界第二经济大国。在这期间支撑日本经济发展的，就是每一位国民的勤奋、进取心、积极性，而所有这一切的基础就是道德。

在人类原本具备的道德品质中，最重要的是对对方的关爱之心。"想对别人有所帮助""想为社会、为世人做点什么"，这种想法中所体现的道德，是当今这个世界最为需要的。

现今的学校里，道德教育的时间越来越少。在日常的生活中，"道德"这个词也已经很少听到。一听到"道德"这个词，很多时候都给人一种过分严肃的印象，许多人敬而远之。

有些人以为做一个有道德的人很难，其实不然，只要你去做了，就会发现很简单，一个善举，一句良言，就是有道德。

一个有道德的人，不一定要气壮山河，不一定要惊天动地，我们可以从小事做起。为公共汽车上的老人让座，扶携正要过马路的盲人，为迷路的人指引方向，甚至还可以为自己的对手献上一束鲜花，以真诚的心，满怀着美好去对待每一个人，让你我之间的距离不再遥远。当你真正做到的时候，你就会发现——做一个有道德的人，很简单，我们能做的，还有很多。

在春天，道德是一片金灿灿的油菜花，闪耀着夺人眼球的金光；夏天，道德是遍布池塘的荷花，让人丝丝凉爽；秋天，道德是菊花，绽放它美丽的花瓣，让人尽情地感受道德带来的那份高尚；冬天，道德化作蜡梅花，屹立于寒风大雪之中……

在自己的心中留出一片净土，播下道德的种子，让它慢慢生根、发芽，开出绚丽的花朵，这样，你的人生将会芳香四溢。

虔诚的感恩发自内心最深处

每一棵小树的成长，离不开阳光雨露的滋润；每一朵鲜花的盛开，离不开青枝嫩叶的陪伴。所以，树会感恩，它撑出一片绿荫，给人一片阴凉。所以，花会感恩，它"落红不是无情物，化作春泥更护花"。

【人生悟语】

我们之所以能够生存下去，不是依靠我们自身的力量，而是应该感谢宇宙万物。

这将是一件多么幸福的事情：一大早出门，看到周围的人，脸上都洋溢着善意的笑容；坐上公交车，为一个老人让座，一句轻轻的，发自内心的"谢谢"，如一阵暖风将因拥挤而产生的烦躁之气吹散，怀着一颗感恩的心开始一天的新生活。

韦利是一个患有先天性心脏病的小男孩，但他开朗活泼，和所有的人都能成为朋友。正是因为他的乐观和快乐，很少有人知道他是一个可能随时离开人世的高危病人。

韦利有早起晨练的习惯，尽管医生不让他做高强度和剧烈的运动，但是韦利还是愿意早起看看太阳，看看一天的开始是如何美丽。那是一个薄雾和轻烟笼罩的早晨，韦利走到城市中央广场的时候，发现一个人倒在地上，脸色发紫、呼吸微弱，显然他正处在危险之中。韦利早已知道心脏病发作时的痛楚，他对这个陌生人的痛苦感同身受。四周很静，真正晨练的人一般不会来这里，而韦利知道自己一个人无论如何也扶不起地上这个身材高大的人，怎么办？时间来不及了，韦利顾不上医生的警告俯身拉起他的衣服。就这样，12岁的韦利用尽全身力气一点点地把这个人在地上拖行了200米。终于有人发现了他们，韦利只说了"快送他去医院"，便昏倒在地。

韦利醒来后看到的是陌生人一脸的关切和自责，他说自己因贪杯醉倒在街头，如果不是韦利救了他，医生说他会冻死在那里。陌生人愧疚地说："对不起，医生告诉我心脏病差一点就要了你的命，你是在拿你的命救我。真不知道该如何感谢你！"韦利笑了："我现在没事了，你也没事了。这就是最好的感谢！"陌生人一定要报答韦利。韦利想了想说："我真的不需要你对我有什么报答，只是希望你能像我救你一样，尽自己的所能，去救助比自己的处境还要差的陌生人，我想这就足够了。"

许多年过去了，韦利活过了比医生的预言长数倍的时间。他还是和以前一样乐观，并且真诚地对待每一个人，在别人需要的时候尽自己所能帮助别人。但是病魔还是在一个冬天的早晨将他击倒。当时韦利正在一个很偏僻的地方散步，忽然感到心口一阵剧烈的疼痛，韦利挣扎了几下终于支持不住倒在了地上。

韦利醒来时发现自己躺在医院里，身边站着一个十几岁的男孩，正瞪着一双大眼睛关切地看着他。韦利很感激地握住男孩的手说："谢谢你，孩子，你救了我。你是怎么发现我的？"男孩很开心的样子："我早上要去爷爷家陪他，正好路过那个地方，看到你躺在地上，我就想起了爷爷说他年轻的时候被一个和我一样大的男孩救起的事。我想我也一定能够做到，于是，赶紧叫来了救护车。爷爷告诉我要尽力帮助每一位需要帮助的陌生人，回去后一定要告诉爷爷，我今天做到了。"

那个男孩的爷爷，正是韦利当年救起的醉汉。韦利不知道该如何形容自己的心情，一次对人施与援手竟会带来一生受用不尽的恩惠。

对生活怀有一颗感恩之心的人，即使遇到再大的灾难，也能熬过去。感恩者遇上祸，祸也能变成福，而那些常常抱怨生活的人，即使遇上福，福也会变成祸。

感恩是爱的根源，也是快乐的源泉。如果我们对生命中所拥有的一切能心存感激，便能体会到人生的快乐、人间的温暖以及人生的价值。班尼迪克特说："受人恩惠，不是美德，报恩才是。当他积极投入感恩的工作时，美德就产生了。"

稻盛先生曾经说过："我们之所以能够生存下去，不是依靠我们自身的力量，而是应该感谢宇宙万物。"这种感恩之情是内心的自然流露。

在稻盛先生的人生理念中，企业家道德价值要有七种品质，首先就是要学会感恩。在他看来，企业家所获得的一切成就都是社会赐予的，应当从内心里感谢社会和他人给你的厚爱。

无论在事业上还是在日常生活中，感恩应该是发自内心的。俗话说："滴水之恩，涌泉相报。"你可曾想过，在成长过程中父母，亲友，朋友，老师……为你付出的不仅仅是"一滴水"，而是一片汪洋大海。当父母为了你辛苦工作了一整天，拖着疲惫的身子回家时，你有没有递上一杯暖茶？当父母生日的时候，你是否记起，并为他们送上节日的祝福？当父母心情失落的时候，你有没有奉上温暖的问候？他们为我们倾注了心血、精力，而我们何曾体会他们的劳累，何曾察觉到他们鬓角的缕缕银丝，何曾察觉到他们额头的那一丝丝皱纹？感恩需要你们用心去体会，去报答。

学会感恩，是学会做人的一条最基本的标准。

在2010年温哥华冬奥会女子短道速滑500米决赛中，王濛以43秒48的成绩夺得金牌，成为中国冬奥会历史上第一位成功卫冕的冠军。

当王濛冲过终点之后，先与场边的教练李琰击掌相庆，再次侧身而过时她奋力冲向护栏与眼睛湿润的李琰紧紧地抱在一起。高举着五星红旗绕场一周向观众致意之后，她又滑到教练席跟前，双膝跪地，用中国人的最高礼仪向领导、教练、队友们磕了两个响头。那一刻，让我们感动的，不仅仅是她喜悦的泪水，还有她诚挚的感恩。

赛后，王濛解释了夺冠后下跪这一举动："这是我感谢教练的方式，她让我知道了短道速滑500米到底该怎么滑。这两个头一个感谢教练，一个感谢我的领导、我的队友和医务人员。"

四年前那一幕我们仍然记忆犹新：初出茅庐的王濛一鸣惊人，在都灵冬奥会上夺得女子短道速滑500米冠军，颁奖时她一个鱼跃跳上领奖台，傲然独立，颇有初生牛犊不怕虎的气势。但今年成功卫冕后，她放弃了唯我独尊的姿态，先与获得银牌和铜牌的选手握手，然后才站上冠军的领奖台。此时的她，懂得了感恩。

懂得发自内心地感恩，使王濛显得更加成熟和大气，也赢得了观众更多的掌声和尊重，帮助她在人生的道路上走得更远。

人总要长大的。换言之，是自己慢慢学着长大。在人生的道路上一步一个脚印，或深或浅记录着芸芸众生成长的深度。成长越慢的人往往受的伤就会越多，面对种种伤痕我们要做的不仅仅是承受，更多的是要感恩。大树对滋养它的大地感恩，白云对哺育它的蓝天感恩，感谢那些帮助过我们的人，因为感恩可以让这个社会变得更美好，因为感恩会让感情更真挚。

追求无穷：人生画布，要靠你以思想为笔去描绘

秉持单纯的心，单纯的热情

有这样一首小诗：你有信仰就年轻，疑惑就年老；有自信就年轻，畏惧就年老；有希望就年轻，绝望就年老；岁月使你皮肤起皱，但是失去了热情，就损伤了灵魂。

热情是成功和成就的源泉。你的意志力和追求成功的热情越强，成功的概率就越大。

【人生悟语】

真正的热情才能带来成功。但如果热情是出于贪婪或自私，成功便只是昙花一现。无论是对人还是对事，要秉持单纯的心、单纯的热情，才能取得成功。

热情是一种状态——你24小时不间断地思考一件事，甚至在睡梦中仍念念不忘。

稻盛先生在一次演讲中指出，真正的热情才能带来成功。但如果热情是出于贪婪或自私，成功便只是昙花一现。无论是对人还是对事，要秉持单纯的心、单纯的热情，才能取得成功。

稻盛先生评价一个人，总是考虑他的才干和能力。同时他相信考量这个人所拥有的热情也是很重要的。如果你拥有热情，便几乎所向无敌了。要是一个人没有能力，却有热情，还是可以使有才能的人聚集到他身边来的。假如他没有资金或是设备，但有说服别人的激情，还是有人会回应他的梦想的。

毫无感觉，凡事都以自我为中心，同样的热情也许一开始会让你尝到成功的甜头，但最后还是会倒下，能否成功，最后还是要看我们潜意识里是否秉着单纯的热情。

京都半导体公司创立第二座厂房时，稻盛有点担心，担心经营状况不是太好，但是他发现，公司虽然才刚起步，却由于对企业充满热情而迅速成长，经营状况向令人惊喜的方面发展。另外，稻盛先生还担忧公司最后会像其他大企业一样变得官僚、僵化，从而失去那份向前冲的热情。然而，他仍希望在京都半导体公司培养出一批企业家来。

因此，稻盛把公司分成几个叫作"阿米巴"的小中心，每个都是小企业体，有自己的领导者或核心。典型的阿米巴中心从公司外或是向其他"阿米巴"购买所需之物，并自己销售产品以取得利润，同时也要为其他人和顾客服务。每个阿米巴成员和领导者具有同样的热情，并自行评估"小时效率"——即成员平均每个工时增加的价值。几个小阿米巴又可组成较大的阿米巴，以此类推。京都半导体公司就是个超大型的阿米巴，由分布于全世界的数千个阿米巴组成。用热情让主管充满动力，进而点燃部下心中的热情，使整个公司的经营充满活力。

因为工作繁忙，稻盛先生很少待在家里，所以，附近的邻居担心地对他的妻子及家人说："您先生什么时候回家啊？"乡下的双亲也曾写信忠告："这样辛苦工作当心搞垮身体啊。"

但是，稻盛先生本人毫不在乎，因为喜爱这份工作，对它投入了极大的热情，既不难受也没有觉得疲劳，反而觉得全心投入工作是一种快乐和享受。

在稻盛先生的创业之路上，他一直秉持单纯的心、单纯热情对待工作，还把这份能量传递给周围的人。在他的感染下，他的员工变成了不是等待他人命令才开始行动的人，而是在指令到来以前，自己率先而为并成为别人的榜样，是富于能动性、充满热情的人。

在实际上，若不如此热爱工作就不可能取得如此卓著的成果。无论哪个领域，成功的人往往是那些沉醉于自己所做的事的人。热爱你的本职工作——这可以说是通过工作使人生丰富多彩的唯一出路。

完成一件事需要相当大的能量，热情可以产生巨大的能量，无论是做什么样的事情，只要全力以赴地去干就能产生很大的成就感和自信心，而且会产生向下一个目标挑战的积极性，在这个反复过程中的你会更加热爱你所做的事。这样，无论怎样的努力，都不会觉得艰苦，最终能够取得优秀的成果。

总之，"热爱"才是最大的动机，意愿也好、努力也好、成功之路也好，所有这些基础都是"热爱"。

"只有热情而无知识，好比骏马没有缰和鞍""爱好，是进步的动力"。正如这些世代相传的俗话谚语一样，如果热爱，自然而然地产生积极性、做出努力，在最短时间内进步。在别人看来是千辛万苦，而本人非但不认为苦甚至当作乐趣。

以知足常乐之心活在人间

人们常说：一个人，贵在自知，贵在知足，贵在量力而行，贵在适可而止。

在生活中，我们不断地追求，不断地索取，在这个拜金主义的社会，忙碌得精疲力竭的我们仿佛忘了如何停下脚步。

【人生悟语】

人生观的根本哲学，那就是"知足"。以知足常乐之心活在人间，节制地对待生活，不要超出自身需求的贪婪，才能以一颗乐观的心对待生活。

美好的东西实在数不过来了，我们总是希望得到的太多，让尽可能多的东西为自己所拥有。人生如白驹过隙一样短暂，生命在拥有和失去之间，不经意地流干了。

有一个村庄，里面住着一个独眼的瞎爷。

瞎爷的左眼是在他9岁那年瞎的。一场高烧之后，他忽然对他的爹娘说："我的左眼看不见东西了！"两位老人一惊，忙过来用手在他左眼前晃，而那只左眼果然像坏了的钟摆一样一动不动。他爹娘顿时泪流满面，仅有的儿子瞎了一只眼睛可怎么办呀！没料到爹娘哭得伤心的时候，他却缓缓地说："爹娘，你们哭啥，应该笑才对！这场病不是只弄坏了我一只眼吗？左眼瞎了，右眼还能看得见呢！总比两只眼都弄坏了要好啊！你们想一想，我比起世界上那些双目失明的人，不是强多了吗？"儿子的一番话，把两位老人惊呆了，但后来想想也有理，于是停止了流泪。

瞎爷的家境不好，爹娘无力供他读书，只好让他去私塾里旁听。爹娘为此十分伤心，瞎爷却劝道："我如今也已识了些字，虽然不多，但总比那些一天书没念，一个字不识的孩子强多了吧！"爹娘一听，觉得安然了许多。

后来，瞎爷娶了个嘴巴很大的媳妇。爹娘又觉得对不住儿子，瞎爷劝他们说："能娶到这样的一个媳妇已经很不错了，和世界上的许多光棍比起来，简直可以说是好到天上去了！"这个媳妇勤快、能干，可脾气不好，不温柔、不驯服，把婆婆气得心口疼。儿子劝道："娘，你这个儿媳妇是有些不大称你的心，可是你想想，天底下比她差得多的媳妇还有不少。你的儿媳妇脾气虽是暴躁了些，不过还是很勤快的，又不骂人。"爹娘一听真有些道理，就不生气了。

可是，瞎爷家确实很贫寒，妻子实在熬不下去了，便不断抱怨。瞎爷说："你只跟那些住进深宅大院、家有万贯资财、顿顿吃肉喝酒的人家相比，自然是越比越觉得咱这日子是没法过了。但是你只要瞧瞧那些拖儿带女四处讨饭的人，白天饱一顿饥一顿，晚上睡在别人家的屋檐下，弄不好还会被狗咬一口，就会觉得咱家这日子还真是不错。"

瞎爷老了，想在合眼前把棺材做好，然后安安心心地走。可做的棺材属于非常寒酸的那一种，妻子愧疚不已，瞎爷劝说："这棺材比起富豪大家们的上等棺木是差远了，可是比起那些穷得连棺材都买不起，尸体用草席卷的人，不是强多了吗？"

瞎爷死的时候，面孔安详，脸上还留有笑容……

知足是一种境界，也是一种大度，大"肚"能容天下事，知足是青春的一堂必修课，知足的人总是微笑着面对生活。世界上没有解决不了的问题，没有过不去的河。知足者会为自己寻找合适的台阶，绝不会庸人自扰。知足是一种宽容，对他人宽容，对社会宽容，对自己宽容，这样才会得到一个相对宽松的生存环境。

在知足者的眼里，一切纷争和索取都是多余的，在他们的天平上，没有比知足更容易求得心理平衡的了。所以不要再埋怨爸爸给你买的球鞋不是名牌，抱怨你的卧室不够宽敞，如果用一颗知足的心看待，你会发现自己得到的其实已经很多。

在稻盛先生看来，人生观从哲学角度来看，那就是"知足"。以知足常乐之心活在人间，节制地对待生活，不要过于贪婪，才能以一颗乐观的心对待生活。你的生活才能有很大的改变。

古人云：人生不如意事十之八九。但是，只要我们有一个良好的心态，有一颗知足的心，就一定能够化不如意为如意，正所谓知足者常乐！古希腊哲学家苏格拉底也是一位知足常乐者。

当苏格拉底还是单身的时候，和几个朋友一起住在一间只有七八平方米的房子里，但他却总是乐呵呵的。有人问他："和那么多人挤在一起，连转个身都困难，有什么可高兴的？"

苏格拉底面带微笑地回答说："朋友们在一起，随时都可以交流思想，交流感情，难道不是值得高兴的事情吗？"

过了一段时间，朋友们都成了家，先后搬了出去。屋子里只剩下苏格拉底一个人，但他仍然很快乐。那人又问："现在的你，一个人孤孤单单的，还有什么好高兴的？"

苏格拉底又说："我有很多书啊，一本书就是一位老师，和这么多老师在一起，我时时刻刻都可以向他们请教，这怎么不令人高兴呢？"

几年后，苏格拉底也成了家，搬进了七层高的大楼里，但他的家在最底层，底层的境况是非常差的，既不安静，也不安全，还不卫生。那人见苏格拉底还是一副乐融融的样子，便问："你住这样的房子还快乐吗？"

苏格拉底说："你不知道一楼有多好啊！比如，进门就是家，搬东西方便，朋友来玩也方便，还可以在空地上养花种草，很多乐趣呀，只可意会，无法言传。"

又过了一年，苏格拉底把底层的房子让给了一位朋友，因为这位朋友家里有一位偏瘫的老人，上下楼不方便，而他则搬到了楼房的最高层。苏格拉底每天依然快快乐乐。那人又问他："先生，住七楼又有哪些好处呢？"

苏格拉底说："好处多着呢！比如说吧，每天上下几次，这是很好的锻炼，有利于身体健康；光线好，看书写字不伤眼睛，没有人在头顶干扰，白天黑夜都非常安静。"

从这个故事中可以看出苏格拉底是一个知足、乐观的人，无论住在什么样的环境，他总是那么满足、那么开心，用乐观的心态对待生活，反之，他将会在充满抱怨和不满的心态中生活，失去快乐，生活就没有了应有的光彩。

俗话说："人心不足蛇吞象。"人有了贪欲，就永远不会满足，不满足，就会感到欠缺，高兴不起来。贝蒂·戴维斯在她的回忆录《孤独的生活》中写道："任何目标的达成，都不会带来满足，成功必然会引出新的目标。正如吃下去的苹果都带有种子一样，这些都是永无止境的。"除非你真正懂得常乐的秘诀，否则将永远不会满足于自己所拥有的。

人的不知足，往往由比较而来。同样，人要知足，也可以由比较得到。人的欲望如同黑洞一样，没有填满的时候，任由其膨胀，则会由此生出许多烦恼，它不仅会摧毁有形的东西，而且会搅乱你的内心世界。

知足，是种平和的境界，常乐，是一种豁达的人生态度。

知足者常乐，不等于说这个人安于现状，没有追求，没有目标，而是说这个人懂得取舍，也懂得放弃。懂得适可而止，抱着这样的心态对待生活和事业，正是稻盛先生想要让我们了解的。

捷径并不一定能把我们带到目的地

若想登山，那么只有从平地起，用自己的双脚一步一步向上攀登直至山顶，除此之外别无他法。就是这一步接一步不停地积累，最终才可以征服海拔高达8000多米的喜马拉雅山。

【人生悟语】
切勿选择捷径，不管是生活，还是企业管理，只有"脚踏实地"才是梦想成真之道。

看一看古今中外伟人们走过的足迹，当中记录了他们惊人的努力。他们终其一生，一步一个脚印不断地积累，最后才能摘到成功的硕果。与此相反，有人却认为："坚持如此单调乏味的努力，简直就像傻瓜。在短暂的人生中，这么一味苦干的话，一定会落败于人；而寻找轻松巧妙的捷径快速取胜，才是明智的选择。"因此他们讨厌脚踏实地的努力。

稻盛先生对这种观点的驳斥是：切勿选择捷径，不管是生活，还是企业管理，只有"脚踏实地"才是梦想成真之道。

在人生旅途中，没有一步登天的魔梯。我们必须脚踏实地、点滴积累，这种方式缓慢而且费力，似乎无法一日千里。也许你认为，以这种步伐，永远都不能有什么大成就，然而，你还是要有耐心地走下去。成功无捷径，贵在肯登攀，稻盛先生用行动说明了这一道理。

毕业后，稻盛在一家小公司服务。由于某些观点和做法与管理阶层的看法相悖，他不是和管理阶层发生争执，就是被工会攻击，最后陷入孤立状态。这时的稻盛想象自己带领一支队伍爬上险峻的大山，可能因怯懦畏缩而无法前进，甚至会失足跌下断崖，摔得粉身碎骨。公司的资深经理曾经劝他妥协，暗示他另外选一条平坦的路走，与队伍一同慢慢地爬上山坡。对于经理的相劝，稻盛想了很久，但最后还是选了崎岖的山路。因为他知道，假如自己选一条好走的路，慢慢向上爬，可能在攻顶之前便放弃了。稻盛很清楚，自己是个脆弱的人，但是他的队友们都对他有信心。捷径也许对他们来说是个轻松的选择。但是，这样并不会让大家得到真正的快乐。于是稻盛下定决心，既然他认为自己所选的路是正确的，那么不管路途多么凶险，天气多么恶劣，都应一心攻顶。从那时起，他就试着对自己和他人都一样严格，这样才能一同登上巅峰。

古人有许多刻苦学习的例子，"头悬梁，锥刺股"讲的是战国时代的苏秦的故事。苏秦热爱学习，而且十分刻苦，天天读书到深夜。由于又困又累，不免要打瞌睡。于是他把头发用带子吊在房梁上，打瞌睡时头往下一栽，便揪得头皮生疼，他还用锥子扎自己的大腿，这样头脑一下子清醒了。经过刻苦的学习，苏秦学到了知识，后来他挂了六国的相印，成功地实施了"合纵"的联盟。后人用这个故事代表读书刻苦的精神，说明了只有下苦功夫，才能取得成功。

稻盛先生和苏秦的经历都说明了一个道理，无论是事业还是学习知识都没有捷径可走。学习、做事都是一样，那就是应该一步一个脚印，脚踏实地地做事做人。凡事都想采取速成的手段，采用贪便图快的做法，也许会取得一时的成功，但是由于没有扎实的基础，这个成功很可能成为空中楼阁，也只会如昙花一现。

机会只留给能够抓住机会的人，机会可能是一种捷径，但机会并不常有，它甚至是稍纵即逝的，如果我们没有厚实的积累，即使机会来了，我们也只能是眼睁睁地看着它溜走。而积累的过程没有捷径，只能扎扎实实一步一步地去做。

冰心曾经说过：成功的花儿，人们只惊羡它现时的明艳，却不知当初它的芽儿，曾浸透了奋斗的泪泉，洒遍了牺牲的血雨。的确，"不经一番寒彻骨，哪得梅花扑鼻香"。一小步、一小步累积下来的成果可是相当惊人的。你每天坚持不懈地努力，都会有一点小小的胜利，它鼓舞你再努力一点，以获得更大的成功。因此，只要不放弃，你一定可以上升到自己都难以想象的境地。

真正的成功是一个漫长的过程，是将勤奋和努力融入每天的生活中，融入每天的工作中。抱着"少贪梦里还家乐，早起前山路正长"的心态。时刻提醒自己：天明该出发了，不要再睡懒觉，否则留给自己的只有掉队、被淘汰和无尽的悔怨。

在许多人看来，捷径似乎是一条快捷便利的成功坦途，但是这条路上却布满隐蔽的陷阱，稍有不慎就会跌入，造成难以弥补的损失甚至抱憾终生。由此可见，不走捷径，绝不是愚蠢的表现，依据自己的能力，实事求是地去踏实做事，虽然要耗费较多的时间和精力，但是在崎岖的小路上努力攀登的人，才有可能到达光辉的顶点。

成功需要学会等待，在等待的同时更应学会耕耘、学会培育，当果子没有成熟的时候，更应勤于浇水施肥，静静地等待等不来人生秋天，天上掉不下馅饼来，只有汗水和艰辛才会孕育硕果累累的秋天，也只有付出劳作的人才有资格拥抱秋天、品味秋天、享受秋天。

以平常心看待事物

稻盛先生曾经指出："清澈而单纯的心灵才能感受到真理，而自私的心看见的只是复杂、混沌。"

的确，在生活中，我们想要追求、得到的东西太多，很多时候，我们在做一件事时首先会问："我可以得到什么好处？"我们的贪婪便会使简单的问题变得复杂难解。

稻盛先生认为，假如我们能以平常心来看待事物，愿意牺牲自我，就没有无法克服的难题。

现实中，我们很多时候并不是遇到的事情有多么复杂，而是自己放不下！其实，想开了，想通了，自然就释然了。有时候会听到身边的朋友发出这样的感叹：一个人在遇到一个自己认为很大很麻烦很费劲的事情时，总感觉就像到了一座大山前，抬头看时，遮天蔽日，高不可攀，心里不禁发颤，何时才能跨过去啊？可是，等事情过了，再回头看时，昔日的高山不过一个小土堆而已。

一对老夫妇谈恋爱的时间是1967年，那时候，粮店里的米与副食店里的肉、豆腐和百货店里的肥皂、布匹，以及煤铺里的煤等生活物资均凭票供应，普通人家的生活清苦至极。男方的家在城郊的小菜园里，用现在的话来说，那里是当地的蔬菜基地。

女孩第一次"访地方"（当地将女方到男方家里去了解情况称为"访地方"）时，男方留她和媒婆吃中饭。菜很简单。只有两道：几个荷包蛋外加一碗萝卜丝。其中，那几个鸡蛋是向邻居借的，萝卜则是自己种的。

在回家的路上，媒婆说男方人穷又小气，劝漂亮的女孩不要嫁过来。女孩却说男方煮的萝卜丝很好吃，说明他很能干。

过了一段时间，当女孩一个人再次来找男孩时。男孩刚好捉了一些鲫鱼。招待女孩的菜仍然是两道，除了油煎鲫鱼外，还有一碗红烧萝卜，吃饭时，女孩称赞男孩的萝卜做得很有特色，并说自己很喜欢吃萝卜。男孩说："是吗？你下次来我请你吃另一种口味的萝卜。"

在后来的交往中，女孩尝尽了男孩所制的不同口味的萝卜：清炒萝卜、清炖萝卜、油焖萝卜、糖醋萝卜、麻辣萝卜、萝卜干和酸萝卜，等等。

再后来，女孩就成了这些萝卜的俘虏，嫁给了男孩。

许多年过去，有人问老太太，当时为何不嫁给那些有条件煮肉、炖鸽、杀鸡、烧鱼的男人，却嫁给只会烹饪萝卜的人时，老太太说："当时我认为，一个男人，在那种清贫的日子里竟能够把一种普通的萝卜烹饪出甜酸苦辣咸等几种不同的味道而令我大饱口福、历久难忘，我想他同样能够将清贫的日子调理得色彩斑斓。谈婚论嫁，既要注重眼前，更要注重将来。这不，如今我和他结婚已30多年了，你看我们吵了几次架？日子虽然过得平淡了一点，但平淡中更能见真情！"

老太太说得不错，在我们的日常生活中，愈是具有平常心的人，生活愈能幸福，而那些整日斤斤计较、患得患失的人反而苦恼无穷。做人应有一颗平常心。

平常心贵在平常、波澜不惊、不畏生死，于无声处听惊雷，平常心是一种超脱眼前得失的清静心、光明心。贫贱不能移，富贵不能淫，威武不能屈。安贫乐富，富亦有道。无论处于何种环境下，都能拥有平常心，那一定是个了不起的人，就如老太太所赞美的，不是个圣人，也是个贤人。只要我们努力，就能够以平常心去对待纷杂的世事和漫长的人生，至少也能够做到以平常心跨越人生的障碍。

稻盛先生在《活法》中说过：我们在设法改善自己的形象时，私欲会在不经意间跳出来，使原本简单的问题偏离方向，事情便迟迟难以解决。我们应该怀有一颗本真的心。若是让私欲出来兴风作浪，原本简单的问题将变得复杂。

有时候人的愿望就那么简单，那么容易满足；但很多时候，人是不知足的，越是无法拥有的东西越是想得到，红楼梦中《好了歌》云：世人都晓神仙好，惟有功名忘不了！古今将相在何方？荒冢一堆草没了。世人都晓神仙好，只有金银忘不了！终朝只恨聚无多，及到多时眼闭了……凡事看淡，就不会耿耿于怀；凡事看淡，才能全身轻松。

凡事看淡，不是回避，不是装糊涂，而是以乐观的心态去面对一切。凡事看淡，心境自然会开朗许多，安闲许多，舒缓许多……

学会以平常心来对待人生际遇，对待身边的人和事，这样，你的心将会看到更深的心灵层次，了解到更为真实的世界和更为真实的美。

中国女性主义艺术是20世纪90年代出现的一种新美术现象，申玲被众多美术批评家认为是女性主义画家“最具代表性和最优秀的画家”。她从来不去表现太多的哲学思考，而是描绘心中的感受与切身的经验。

申玲的作品从内容上看基本上没有太宽的叙述范围，描绘的都是些日常生活的碎片，是些男男女女的小事儿和俗事儿。这看似简单的内容经过申玲个性化的描述，给我们带来了视觉上和精神上的享受。

她说：“我没有刻意地设计，我凭自己的感觉，以平常心去画我周围的人和事，这是我永远不变的主题。用心说话，是我永远不变的表达方式。我要尽情地表现生命，表现爱，表现生活中的一切泪与笑。”

平常心是一种淡定的，做任何事有条不紊的一种心态。有一个发人深省的故事：

秋天到了，寺院里的草地枯黄了一大片，很难看。寺里的小和尚看不过去，急切地催促师傅快撒点种子吧。但师傅总是回答：

"不着急，随时。"

种子终于到小和尚手里了，师傅对小和尚说："去种吧。"不料，一阵风起，撒下去不少，也吹走不少。

小和尚着急地对师傅说："师傅，好多种子都被吹飞了。"

师傅说："没关系，吹走的都是空的，撒下去也发不了芽，随性。"

刚撒完种子，就飞来几只小鸟，在土里一阵刨食。小和尚急着对小鸟连轰带赶，师傅看到这个情景，说："别急，种子多着呢，吃不完，随遇。"

一天夜里，突然下起了倾盆大雨。小和尚来到师傅房间带着哭腔对师傅说："这下全完了，种子都被雨水冲走了。"

师傅答："冲就冲吧，冲到哪儿都是发芽，随缘。"

几天过去了，昔日光秃秃的地上长出了许多新绿，连没有播种到的地方也有小苗探出了头。小和尚高兴地说："师傅，快来看哪，都长出来了。"

师傅却依然平静如昔地说："应该是这样吧，随喜。"

你发现了吗？生活中的我们时常扮演的是小和尚的角色，处理事情也是经常火急火燎，无法静下心来，这样在无形中会给自己带来压力，若是能够做到老和尚"随缘"的心态，那我们的生活就可以品味到另一番淡淡的幸福。

平常心是人生遭遇低谷时的一剂良药，可以康复你的精神志气；平常心是《老人与海》中的桑提亚哥经历人生悲苦之后的一声轻叹，是刘翔在至关重要的比赛前的一口深呼吸。

保持一颗平常心就是守住一方净土，守住做人道德的底线，没有平常心，必将陷入功名利禄之网，急功近利，在熙熙攘攘的芸芸众生之中终其一生。

稻盛先生在一次演讲中说过：我们应该用平常心来看待事物，即使这么做看起来对我们个人有所不利。如果发现做错了，便该勇敢承认错误。只有用无私的眼光来看待事情，问题才会迎刃而解。但是，如果我们首先不抛开自大的天性，双眼将会被欲望的云雾所蒙蔽，从而导致一味追求快乐与奢华，而真理还是难以明了于胸。然而，看到真理还是不够，拥抱真理要有飞蛾扑火的勇气。

天地茫茫，人生苍苍，让我们揣一颗平常心上路，我们将不惧风高浪急；让我们揣一颗敏感心上路，告别寂寞与孤单。

第二章

成功哲学：探索成功的方程式

成功的配方：成功 = 能力 × 努力 × 态度

没有努力，再好的目标也是空想

稻盛先生曾经多次强调清晰而具体的目标对于人生经营的重要性。好的目标之于人，就像远航时彼岸的灯塔一样，给人以正确的方

【人生悟语】

努力、努力、再努力，今天的不可能、做不到都会变成明天的我可以、我能行。

向，能够引导我们向着成功迈进；它给人以坚持拼搏的信心，它给人以希望，每时每刻都鼓舞着我们朝着更高的目标迈进。

然而，如果没有努力，就算是再好的目标也都是不切实际的空想。建筑师将奇思妙想勾画成美妙绚丽的设计蓝图，如果不付诸努力一砖一瓦地加以建设，那再伟大的设计也只是一纸空谈。

这是一个稻盛先生在实现他的伟大远见过程中的一个小故事，那时他的京瓷公司还是一个名不见经传的小公司，争做世界一流的目标、客户苛刻得几乎无法完成的要求，梦想与现实之间的距离，仿佛无法超越。

稻盛和夫先生在京瓷公司创立之初，就有一个伟大的目标——要将京瓷发展成为"世界第一大陶瓷公司"。然而，当时京瓷只是一个新兴的中小企业，为了拿到项目，为了把他们的目标变成现实，稻盛和夫先生经常承担一些被大型企业拒绝的高技术要求的项目。

京瓷公司在第一次接到IBM公司的大量元器件采购订单的时候，公司上下都非常高兴，因为对于当时毫无名气、规模较小的京瓷公司来说，这是一个提高知名度、宣传品牌的绝佳机会。不过，他们没有高兴太久，看到IBM的规格书时，京瓷的员工们表情凝重了起来。一般的规格书仅仅是一张纸而已，而IBM的规格书足足有一本书那么厚，内容详尽而精确，IBM对零件要求的苛刻程度可见一斑。

京瓷公司经过多次试产，都无法达到IBM的精度要求。终于制成了他们自己以为合格的产品，可是还是被IBM贴上不合格产品的标签退了回来。看着费尽心力却被退回的产品，面对消极气馁的员工，稻盛和夫先生曾经也想过，也许他们真的完成不了。但是想到争做世界一流的目标，稻盛和夫先生认为，他们还要继续努力，要付出百分之百的努力，竭尽所能地、不遗余力地投入，如果做不到这种程度的努力，那么他的目标永远只能存在于脑海中。于是，他鼓舞员工们打起精神，再一次开始了技术攻坚战。

尽管如此，项目进展还是不尽如人意。在公司士气跌入低谷时，稻盛和夫先生对员工表示，我们一定要"竭尽全力"！至于最终的结果如何，既然已经尽人事，剩下的就听天命好了。

又经过了许多次的努力，他们终于攻克了技术难关，成功制造出了高技术难度的、完全符合标准的精密产品。之后的两年里，京瓷的工厂满负荷运作，订单都在要求的供货期内顺利出厂了。

在欢送最后一辆装满精密产品的卡车离开车间时，稻盛和夫先生不禁感叹："人类的力量真是难以估计啊！"

在稻盛先生朝着自己遥远的梦想前进的路途中，还发生了许许多多这样的奋斗故事。但是，从这一个小片段中我们就可以明白，努力、努力、再努力，今天的不可能、做不到都会变成明天的我可以、我能行。

在人生的道路上，没有人能一步就到达成功的终点站。正所谓"锲而不舍，金石可镂"，只有努力不懈，才能达成目标。爱迪生如果不是经过了上千次的实验，那么电灯也只能是他脑中一个虚幻的概念。那些伟大但又遥不可及的远见，只要我们坚持不懈、毫不退缩、一路向前，倾注我们全部的热情与精力，就能使我们的潜能迸发出来，最终完成原本不可思议的任务。

清楚自己的缺点，并极力弥补

歌德曾说过，一个目光敏锐、见识深刻的人，倘若又能承认自己有局限性，那他就离完人不远了。芸芸众生之中，能够达到或者接近"完人"境界的人，少之又少。人，最难的就是有自知之明，清楚明白地知道自己的缺点、敢于承认

【人生悟语】

第二电电非常清楚自身的缺点，如果不是有克服缺点的勇气，那么第二电电根本不会加入通信事业的竞争中去；如果不是全力以赴地用足够的热情和干劲儿去弥补缺点，那么第二电电也不会取得成功。

自己的缺点，不是一件容易的事。

正所谓"知人者智，自知者明"，想要成为一个明智的人，不是随随便便就能做到的。正确地认识自己难，清楚地认识自己的缺点更难。老话说：金无足赤，人无完人。我们身上都有优点，也都有缺点。面对缺点，既不能自以为是、无视缺点的存在；也不能畏缩不前，被缺点束住手脚。摆正心态，用一颗平和宽广的心去发现缺点，并努力去克服、去弥补，唯有这样，个人才能进步，社会才能发展。

稻盛先生从不认为自己能力超群，为何能力普通的他能取得常人不能及的成就、能够成为对社会有贡献的人呢？让我们看一看稻盛的计算方法。

稻盛和夫认为：工作结果=思维方式×热情×能力。

比如，高智商的人可能在能力这一项上可以得到90分，但是他骄傲自大、不屑于努力，只有30分的热情，两者相乘，只得到2700分。

相反，一个人可能资质平平，没有接受过高等教育，在能力上只能勉强达到60分的水平；但是他能够认识到自己的不足，用认真和努力去弥补，以90分的热情投入工作中，那么，他的得分就是5400分，同前者相比，多出了足足一倍的成果。

稻盛和夫一直以这个计算方法作为事业发展的思想基石，用得分高的因素去尽力弥补因为缺点而导致低分的因素，两者相乘，最后的结果未必不好。

1984年，随着通信自由化成为发展趋势，京瓷和其他两家企业都报名参与通信事业。当时的舆论并不看好京瓷，认为京瓷在这三家竞争企业中处于绝对的劣势。因为当时创办的第二电电以京瓷为母体，京瓷本身规模较小，在争夺市场、获取订单方面比较困难；京瓷的管理者稻盛和夫本人又没有通信事业的经验；更重要的是，京瓷没有通信技术的基础，一切都要从零开始，单独开辟自己的通信网络、一步一步地建设基础设施。而其他两家公司只要利用现有的公路和铁路，就能够铺设光缆。然而，第二电电后来却成为这三家企业中最成功的一家。

虽然第二电电在硬件上有诸多缺陷，这也没有，那也没有，但是稻盛和夫能够清楚地认识到他们的不足，并用"软件"来弥补——他们以最高的热情和最强烈的愿望投入这项新事业当中，快速开发和积累了所需要的技术和经验，取得了惊人的成果。

第二电电非常清楚自身的缺点，如果不是有克服缺点的勇气，那么第二电电根本不会加入通信事业的竞争中去；如果不是全力以赴地用足够的热情和干劲儿去弥补缺点，那么第二电电也不会取得成功。

我们在工作和日常生活中也是一样，在学业上，如果智商平平，就用汗水来弥补、争取好的成绩；在市场竞争中，如果实力不足，就用诚意去感动客户；在待人接物时，如果不擅言谈，就用行动说明一切。总之，我们首先要有认清自身缺点的诚心和虚心，还要有极力弥补缺点的恒心和决心，能做到这些，成功也就不远了。

反省就是耕耘、整理心灵的庭院

人类之所以能够不断地修正错误、不断地取得进步、不断地完善自我，是因为人类能够在人生的道路上不断地进行自我反省。稻盛先生年轻时提出的推动事业成功和创造美好人生的"六项精进"中，就提到了"要每天反省"。

正如我们的面庞每天都会蒙上灰尘、天天需要洗脸一样，生活在尘世之中，人的心灵也会沾染污垢，需要自我反省来净化。稻盛先生在很多次演讲中向大家介绍了英国人詹姆斯·艾伦在《原因与结果的法则》一书中所讲的关于反省的道理：

人的心灵像庭院。

这庭院，既可理智地耕耘，也可放任它荒芜，

无论是耕耘还是荒芜，庭院不会空白。

如果自己的庭院里没有播种美丽的花草，

那么无数杂草的种子必将飞落，

茂盛的杂草将占满你的庭院。

出色的园艺师会翻耕庭院，除去杂草，

播种美丽的花草，不断培育。

如果我们想要一个美好的人生，

我们就要翻耕自己心灵的庭院，将不纯的思想一扫而光，

【人生悟语】

成功者不是完美无缺、不犯错误，而是他们善于、乐于进行深刻的自我反省，他们是不辞辛劳的园丁，不断将杂草和毒苗从精神的庭院中拔出，发现自身的德之缺憾、智之不足，从而总结教训，不断改进，才一步步地迈向了成功。

然后栽上清纯的、正确的思想，

并将它培育下去。

稻盛先生说，当年在读到这些话时，不禁感叹："就是这个道理！""反省就是耕耘、整理心灵的庭院"，詹姆斯·艾伦所说的这个道理令人顿悟。在心灵的庭院中，我们播种正确的思想就能收获美好的果实；我们播种错误的思想或者管理，那么收获的就是恶果和杂草。

稻盛先生曾说，"要在悔悟中生活"，指的就是每天都真诚地进行自我反省。

稻盛有一个特别的习惯，就是每天面对镜子进行自我反省。

每天早晨，他都会站在盥洗室的镜子面前，面对镜中的自己，将前一天的事情如电影镜头一般一一在脑海中回放，回想自己是否有不当的言行，是否表现过傲慢的态度，是否犯了不该犯的错误。

若是有过，他就会对着镜子大声道歉："老天，对不起！"

"很抱歉，我对我的错误态度和行为道歉！"

稻盛的这个习惯已经保持了30年。他说，不知道从何时起，只要他在家里的盥洗室中，家人就不会去打扰他。

这就是稻盛先生自创的每日反省法。或许我们每个人反省的方法千差万别，但是，最重要的不是方法，而是我们是否真正明白反省的重要、是否坚持自我反省。

人性总是让我们容易拜倒在金钱和荣耀的脚下，容易屈服于本能的欲望和周围的环境。不论我们取得了多么大的成就，如果不能够坚持自我反省，那么骄傲、自大、虚荣、贪婪这些杂草将侵占我们的心灵庭院，原来所得到的一切都有可能失去，而我们的人生也会偏离正道。

每日的反省，能够帮助我们拔除心灵的杂草，对人格的塑造尤为重要。每天都给自己留出一点时间，静静地反省：今天的工作我是否尽职尽责？面临的机会有没有抓住？待人接物是否坚守诚信？牵扯到小惠小利有没有做到低调忍让？在挫折面前是否坚韧顽强？心态是否良好平和？追求成功的信念有没有过动摇？

就这样自我反省，一旦有了不好的念头、做了不好的事情就立即改正。将自省作为每天的必修课，在每天的自省中，不断修正错误的、巩固正确的；通过反省净化灵魂、磨砺心志、提升人格，将心灵庭院中的杂草一一拔除，播种正确积极的思想和善良的种子，辛勤地耕耘、整理我们的心灵庭院，必将收获满是鲜花的乐园。

态度是消极的，结果亦将为负

"态度决定一切！"这是美国著名演说家罗曼·文森特·皮尔的一句名言。态度是一种神奇的力量，它扎根在人的思想深处，左右

【人生悟语】

企业的经营者，即使身处最难熬的逆境中，也要保持积极的态度。

着我们的每一次选择。如果说人生是由每一次选择构成的方程式，那么态度最终决定了人的一生。

积极的态度能够点燃我们内心的希望，激发沉睡的潜能，让我

们在面对顺境时保持清醒、不骄不躁，让我们在面临逆境时保持乐观、不气不馁；消极的态度却让我们经不起一点风浪，在困难和不幸面前缴械投降，不思如何解决问题、挣脱苦难，却把时间浪费在悲叹和抱怨上面。

稻盛先生曾多次强调乐观态度的重要性，尤其是企业的经营者，即使身处最难熬的逆境中，也要保持积极的态度。稻盛和夫的这些感悟和他的人生经历有着很大关系，当初，他也是从悲观的人生态度中走出来的呢！

稻盛和夫先生年轻时的路不太顺利：怕发生什么偏偏发生什么；想做的事情也大多事与愿违。

中学升学考试失败之后，他就染上了结核病。虽然当时结核病不是绝症，但是他的家族里有两位叔叔和一位婶婶都被结核病夺去了生命，他的家族因此被人称为"结核病家族"。

结核病带来的病痛和死亡，使恐惧和悲伤在他心里久久挥之不去。他非常害怕被感染，当初叔叔在家中疗养时，他总是避之不及，躲得远远的。结果后来，在叔叔身边看护着的父亲没有被感染，对结核病不以为然，认为不会轻易被传染的哥哥也好好的，只有他被感染了。

稻盛和夫想起邻居阿姨送给他的《生命的真相》一书中提到过："我们内心有个吸引灾难的磁铁。生病是因为有一颗吸引病痛的羸弱的心。"他感到费解：为什么偏偏是自己病了呢？也许真的像书中所说的那样，自己消极的心引来了病痛。

稻盛和夫的结核病好不容易治愈了，终于可以回到学校读书了。可是，战胜了病痛的稻盛并没有从此摆脱失败和挫折的纠缠。

满心期待的大学入学考试不合格，没有考入第一志愿的大学。进入了本地的大学之后，成绩一直不错，以为可以找到一份称心的工作；可是，毕业时赶上了经济大萧条，参加多次就业考试，屡战屡败。在大学老师的关照下，他终于在京都的电磁制造厂谋得了一个职位；然而，这个公司简直就是一个烂摊子，说不定什么时候就会倒闭，到期发不出工资是家常便饭，管理公司的家族不但不努力思考让公司起死回生的办法，反而在闹内讧！

"为什么！为什么倒霉的总是我？好事不敲门，坏事却不断。费尽心力进入的公司竟然是这般样子！"稻盛心中的不满和怨恨越来越多。和稻盛同期进入公司的同事们每天都在商量着什么时候辞职。不久，同事们都跳槽离开了，只剩下稻盛一个人留在公司。他也不是没有过离开的念头，只是当初因为恩师的关系才能进入公司，虽然有抱怨有不满，却不能这样就放弃。

中国有句话叫作"置之死地而后生"，当稻盛跌入了人生的最低谷时，他的心态反而有所转变了。他想，与其抱怨时运不济、怀才不遇，还不如好好工作，也许还有改变现状的可能。之后，他的心情豁然开朗，一心一意进行研究，成果有目共睹，随之获得上司的好评。而这些积极的成果推动他更加认真地工作，取得更好的结果，从此稻盛进入了"积极—努力—收获—更积极—更努力—更多收获"的良性循环。

稻盛先生的人生经历告诉我们，命运并没有既定的轨道，不同的态度决定了人生的不同方向，积极的态度能推动人迈向成功，消极的态度只会使人陷入恶性循环的怪圈。态度生长在人们的思想深处，它影响着人的思维和判断，控制着人们的情感和行为，牵引着我们的人生方向。在人生的数轴上，消极的态度只会将我们引向负无穷，让我们在"负"的路上越走越远。

　　事实上，与其扼腕哀叹，不如挽起袖子努力工作；与其抱怨时运不济，不如打起精神、做好准备等待机会的到来。无论何时，保持积极的态度，即使我们一无所有，至少还能以乐观的态度去生活。

珍视能量开关：成就 = 能力 × 创新 × 态度

不要羞于说出自己的梦想

小时候的语文课，我们都写过"我的理想"这篇作文。那时，年少懵懂的我们都会写出"长大了我要当科学家""未来我要成为一名医生"这样的话来。也许，那时我们的理想只是从电视里、从故事中、从书本上寻得的偶像，只是小小孩童心中的一个纯粹的"梦"而已。

【人生悟语】

要使精神的力量真正发挥作用、要在人生中有所建树，就不要羞于说出自己的梦想。敢想、敢说，才能敢做、才能做好。

当我们迈出校门走入社会，真正开始了一个社会人的旅程时，又有多少人记得小时候作文本上用稚嫩的笔迹勾画出来的那个梦、那个现在想起来自己都暗自觉得有些好笑的梦呢？在许多人的字典里，"梦想"这个词语已经模糊了、看不清了，它被每天的生活琐事、工作压力磨平、磨淡。在这个竞争激烈的社会，对于那些疲于奔命的人来说，什么梦想啊、希望啊，都是虚无缥缈、可有可无的东西，还不如碗里的米饭实在，更不如月末的奖金耀眼。

稻盛先生认为，要使精神的力量真正发挥作用、要在人生中有所建树，就不要羞于说出自己的理想。敢想、敢说，才能敢做、才能做好。稻盛和夫先生的成功就为我们提供了一个大胆描绘梦想并最终实现的完美范例。

稻盛先生在刚开始创办京瓷公司的时候，就立志将其打造成为"世界第一大陶瓷公司"。但是，当时的京瓷公司还只是初创的小企业，在日本本土争做陶瓷业第一把交椅尚需时日，更何况是世界第一。稻盛和夫先生作为创办者，在技术方面有经验和见地，但管理知识和经验可以说是非常之少。当时，对于这个宏大的愿景，既没有实施战略，也没有发展规划。那时，"世界第一大陶瓷公司"只是一个美妙空幻的梦想而已。

然而，稻盛和夫先生认为，无论多么遥远的梦想，只要用一颗赤诚坚忍之心强烈地祈祷、不停地追求，就能够实现。他经常在日常的工作、联欢会等各种场合反复地对职工说起这个梦想，久而久之，他个人的这个梦想也成为全体职工的梦想。

在不断描绘、不断祈求梦想的过程中，这个梦想已经渗透到他们每个人的潜意识中，成为一种积极的心理暗示，与他们每天的工作融为一体。描述梦想这一行为，本身就是实现梦想的一部分，是实现梦想的推动力。稻盛和夫先生和他的员工就是在这样的过程中，将原本不敢想象的梦想基本上变成了现实。

像稻盛和夫先生一样，大声地喊出自己的梦想。多一些坚定不移，少一些摇摆不定；多一些拼搏进取，少一些安于现状；多一些自信不疑，少一些妄自菲薄；多一些锐意创新，少一些墨守成规。

在描绘梦想的时候，猜测着实现过程中遇到的困难，想象着实现所经历的每一个关卡，直到最终勾画出成功的画面，这个过程，就是我们走向成功的开始、更是积淀。这样的积淀让我们在生活中的每时每刻都保持着"梦想实现中"的状态，而一些不经意的细节都有可能成为点燃梦想的打火石。

同样是看到苹果从树上掉下来，有的人是捡起来吃掉，而只有牛顿从中发现了万有引力定律；许多人经历过暴雨天的电闪雷鸣，只有富兰克林想到用风筝将天上的电"引"下来；教堂天花板上摇摆不定的吊灯，可能根本不会引起专心祈祷的人的注意，只有伽利略根据自己的脉搏来测定灯的摇摆时间，发现了物理学上的一个重要原理——等时性，这一原理后来成为制造摆钟的理论基础。

有梦想不一定能成功，但是，没有梦想一定不能成功。拥有梦想是幸福的，敢于说出梦想、描绘梦想的人离成功更近。我们的心志将在为梦想努力的过程中得到磨砺，我们的人格也能够得以升华。

梦想之于人生并不是奢侈品，而是人生的必备品。《钢铁是怎样炼成的》这部名著的主角保尔·柯察金说过：人生最宝贵的是生命，每个人只有一次生命。一个人的生命应当这样度过：当他回忆往事的时候，不因虚度年华而悔恨，也不因碌碌无为而羞愧。试看我们的周围，那些放弃梦想、不相信梦想或者根本不屑于拥有梦想的人，有几个取得了事业的成功、有几个收获了精彩的人生？

驾驭妄求的本能很重要

《圣经》中说，"你们求也得不着，是因为你们妄求，要浪费在你们的宴乐中"。什么是妄求？妄求是过剩的欲望、非分的要求，妄求不是我们真正的需要。祈求这样的事情，上帝当然不能给予了。

然而，人的欲望很难控制，它仿佛根植于人的内心深处，一旦无法驾驭就会受其驱使，一辈子被它奴役。稻盛先生非常喜欢一个佛家的故事，这是一个关于人类被欲望纠缠的寓言。

欲望是每个人都摆脱不掉的，是人的本能。也正是因为人类有各种各样的欲望，渴望生活更加舒适、渴望晋升到更高的职位、渴望获得更好的教育、渴望积累更多的财富，才使人的才能充分发挥，使沉睡的潜能迸发出来，人类才能走向更高的文明。

深秋季节，草木枯黄，满地落叶。瑟瑟秋风中，一位旅人匆忙地走在回家的路上。突然间，他发现脚边有一堆白色的东西。定睛一看，原来是人的骨头。这种地方怎么会有白骨呢？这堆恐怖的东西让他不寒而栗。心中害怕又费解，他没有停下脚步，继续向前走着。刚走了几步，就看见一只猛虎咆哮着，一步一步向他逼近。

旅人吓得魂飞魄散，心想，刚刚那堆白骨原来就是不知哪个倒霉的同路人被老虎吃掉的骨头啊！他一边想着一边朝来时的路狂奔，现在倒霉的人可是他啊！更倒霉的是，慌乱之间他跑错了路，竟然跑到了悬崖边上！往下一看，悬崖下面是波涛汹涌的大海，掉下去真是必死无疑；而后面是随时要扑上来的饿虎。

前无退路，后有追兵，进退两难之间，他发现悬崖峭壁边上有一棵松树，就使出全身的力气一溜烟儿爬了上去。谁知，老虎也张开了爪子往树上爬，没有一点放弃他做盘中餐的意思。

旅人想，完了，我看来注定命丧于此啊！然而天无绝人之路，当他几乎完全绝望的时候，看见面前的松树枝上垂下了一根藤条，"天不亡我啊"！他立马抓住藤条向下哧溜，偏偏这个时候，藤条却在中间断了，旅人就被悬在了半空中。

上面是一只饥肠辘辘的老虎流着口水，虎视眈眈；往下看，波涛汹涌的大海里有红、黑、蓝三条毒蛇张着血盆大口，等着享用这个随时都会掉下来的食物。正在旅人胆战心惊之时，头上传来了窸窸窣窣的声音，抬头一看，一黑一白两只老鼠正啃食着藤条根部。

再这样下去，藤条被老鼠咬断的下一秒，就是他被海里那三条大蛇生吞活剥的时候！当务之急，是先把藤条上的这两只老鼠赶走。于是，他摇了摇藤条，竟然有温热的东西流到脸上。他伸出舌头一舔，甜甜的，是蜂蜜。原来，在藤条的根部有一个蜂窝，每摇动一下藤条就会有蜂蜜流出来。

这蜂蜜实在太美味了，他沉醉在口中甘甜醇美的味道中，以致忘记了自己危在旦夕的危急处境——上有恶虎，下有毒蛇，唯一能救命的藤条正在被老鼠一点点啃食掉！然而，甜美的蜂蜜让他欲罢不能，一次又一次地摇动承载着他性命的藤条，忘情于味觉的欢畅之中。

在这个故事里，老虎代表死亡或者疾病；松树代表地位、财产、名誉；黑白两只老鼠代表黑夜和白昼，也就是从不停留的时间。蜂蜜，表示能够满足人的欲望的种种快乐；而海中红、黑、蓝三条毒蛇则分别代表了人们的"愤怒""欲望""愚痴"，也就是佛教中常说的"贪嗔痴"三毒。

自人一出生，就承受着生老病死的威胁，虽然人们不断地逃离，生命却只是如摇摆的藤条一般脆弱、无常又祸福难料。藤条随着时间的推移而消磨，虽然我们很清楚自己正一分一秒地走近死亡，可还是不顾生命的缩短而想要得到更多的快乐。却不知，这种对快乐的妄求，将人一点点推向了欲望的血盆大口之中。或许，这就是释迦牟尼想要告诉我们的人的本性。

人必须时刻警惕自己欲望的烦扰，免得被它侵蚀，让自己沦为不能准确认识自身的傻瓜。

有一对即将结婚的新人，兴奋地憧憬着未来的美好的日子，因为他们中了一张高额彩券，奖金是7.5万美元。

可是，这对马上要结婚的新人，在中奖后隔天，就为了"谁该拥有这笔意外之财"而闹翻了。两人大吵一架，并不惜撕破脸，闹上法庭。为什么呢？因为这张彩券当时是握在未婚妻的手中，但是未婚夫则气愤地告诉法官："那张彩券是我买的，后来她把彩券放入她的皮包内，但我也没说什么，因为她是我的未婚妻！可是，她竟然这么无耻、不要脸，说彩券是她的，是她买的！"

这对未婚夫妻在法庭上大声吵闹，各说各话，丝毫不妥协、不让步，所以也让法官伤透脑筋。最后，法官下令，在尚未确定谁是谁非之时，发行彩券单位暂时不准发出这笔奖金！而两位原本马上要结婚的佳偶因争夺奖券的归属而变成怨偶，双方也决定取消婚约。

有人说："结婚，经常不是为了钱；离婚，却经常是为了钱！"

欲望是永远无法满足的，一方面是因为人们不懈追求的原动力，成就了人往高处走，水往低处流的箴言；另一方面也诠释了"有了千田想万田，当了皇帝想成仙""人心不足蛇吞象"的人性弱点。哲学家叔本华认为欲望是痛苦之源，烦恼之根。人的痛苦是从生命的欲望中产生的，人的欲望是永远无法满足的，痛苦与生命是无法分离的。

　　欲望容易蒙蔽人的眼睛，使其是非难辨，幻想与现实不分，过度的欲望，只能令人陷于痛苦的深渊。托尔斯泰说"欲望越小，人生就越幸福"，同理，我们也可以说欲望越大，就越容易致祸。的确，古往今来，多少人欲壑难填，多少人被贪婪打败，所以，生活中，我们一定要减轻欲望，懂得舍弃，只有这样才能从贪婪中解脱，从而获得心里安宁。

　　欲望是每个人都摆脱不掉的，然而，负面的、过度的欲望就是"毒"，一旦控制不住就有可能让人毒发身亡。没人能够摆脱妄求的本能，我们所能做的就是控制它、驾驭它，将其化为不断前进的动力。"解毒"的药方很简单，正如稻盛先生指出的，都是一些最常见的"药材"：诚实、善良、理智、为他人着想等。其中，凡事都为他人着想是最有效的良药，它能够涤清我们内心深处的贪念，让我们拥有一颗美丽的心。

一时的成功不能保证一世的成功

每个创业者在最初的时候都有自己的梦想，也会为之努力；但是，当事业取得了一点成就之后，很多人都抱着"守成"的态度，停留在原地而忘记了最初的梦想。

稻盛先生曾经谈到过这样的现象：随着公开募股的盛行，许多企业为充实企业资金、寻求进一步发展，纷纷争相上市；然而，在企业发展取得一定成果时，总有一些创业者将自己持有的股份售出，获得的钱财便购置豪宅、游艇、名车，极尽享受之能事。"自己挣的钱，怎么花当然是自己说了算"，当初创业时所设立的远大目标早已被抛到九霄云外。

吕思清是中国著名的小提琴演奏家，7岁时就表现出了超出常人的音乐才华。1986年，年仅17岁的吕思清来到意大利的热那亚，代表中国参加帕格尼尼国际小提琴大赛。这是国际四大小提琴比赛之一，金奖奖项已经空缺了整整12年。刚开始的时候，这个普通的中国少年在来自世界各地的小提琴演奏高手中间一点也不起眼。然而，经过了几轮艰苦的比赛之后，严谨而苛刻的评委被吕思清的勃勃生气和高超技术所征服。他成功地获得了空缺了12年的帕格尼尼金奖，成为第一个获此殊荣的亚洲人。

时隔二十多年，吕思清在谈起这次获奖时，他很淡然地说："得奖是一件好事，但是更重要的是，得奖以后你的音乐潜能能否

【人生悟语】

一时的成功不能保证一世的成功。一时的成功只是人生路上的一个中转站罢了，生命不止，奋斗不息，如果眼前的成功不能成为继续前进的推动力，而成了让人满足现状、沾沾自喜的资本的话，那么这样的成功未必是一件好事。

继续发挥出来。成功不在一时，而在一生。"

这个例子使人想到了稻盛先生曾经说过的一句话：人生的考验不仅是苦难，成功也是一种考验。西游记中唐僧取经经历各种考验，到达女儿国时，美女和财富唾手可得，是停下来还是继续西天取经之路？继续往取经的地方去，才是你的理想。记住你最初的梦想，不要满足于当前的小小成就。

稻盛先生曾经告诫过企业经营者：取得成就后更要保持一颗谦逊之心，企业由狂妄自大、安于现状的人管理，难以长久持续繁荣。下面这个"知识圆圈"的故事，虽然讲的是有知与无知的问题，但是从中也可以悟出小成就和大成功的关系。

芝诺是古希腊的著名哲学家。一次在他讲解关于宇宙与人生的关系时，一位学生站起来向他提问："老师，您的知识比我的知识多许多倍，您对问题的回答又十分正确，可是您为什么总是对自己的解答有疑问呢？"

芝诺笑了笑，用舌头舔了舔右手食指，而后在桌上画一大一小两个圆圈，并指着这两个圆圈说："大圆圈的面积是我的知识，小圆圈的面积是你们的知识。我的知识比你们多。这两个圆圈的外面就是你们和我无知的部分。大圆圈的周长比小圆圈长，因此，我接触的无知的范围也比你们多。这就是我为什么常常怀疑自己的原因。"

一个人的成功就好比一个圆圈，圆圈里面是已经获得的成就，圆圈外面是未曾取得的成就。你获得的成就越多，圆圈就越大，你未曾达成的成就也就越多。也许这就是小成就和大成功之间的关系吧！

有小成就固然是好的，也是人们安身立命的资本。但是，时代在发展、社会在进步，停滞不前就等于自动倒退。有人开玩笑说：长江后浪推前浪，前浪死在沙滩上。如果你死守着眼前的小成就原地踏步，那么社会发展的大浪潮就有可能将你狠狠地拍在沙滩上；而那时，你现在的成就也许已经算不得成就了。保持一颗谦逊之心，不懈努力，不被一时的成功所诱惑，在人生的路上永不止步，那么我们就能够不断地完善自我、完善人生。

沉浸在梦想中，且梦想的画面必须是"彩色"的

梦想是我们在感觉自己的人生色彩单调时，需要用到的调色剂，将我们灰白或是黑白的生活调得丰富多彩、五彩斑斓；梦想是我们生活遇到坎坷时，需要用到的垫脚石，让我们顺利地通过一条条道路；梦想是我们在不知道下一步走

【人生悟语】

要在企业界生存下来，员工和企业家都必须要有热情，想要有持续不断的热情就得要有梦想，要时时刻刻沉浸在梦想中，这样才能保证他们的活力处于最高点。

向何方时，给我们指路的灯塔，为我们指明方向。梦想有种种好处，但它毕竟是梦想，我们可以天天做梦，但我们不能每天都活在梦中。我们每一个人都爱做梦，我们也常常被人说是在做白日梦。但不同的是，有的人知道梦和现实的距离，每天在丈量着这个距离，并且每天都在采取行动不断缩小这个距离。

稻盛先生自称是"爱做梦的人"，他说他经常做狂野的梦、毫无边际的梦，一个接一个的彩色的梦。最终，他的企业王国也是在梦想中拓展的。稻盛先生每天都做最狂野的梦，但是他并不急着实现这些梦，只是继续梦想，他说梦想让他的想象力奔驰。他说这种不断梦想的过程让他产生工作和生活的热情。持续不断的梦想甚至还变成了他潜意识里的东西。久而久之，这个梦想就变成了他可以实现的目标。只有沉浸在梦想中，你才会明白自己想要什么，这样就能抓住机遇或机会。奇妙的机会总是藏在最不起眼之处，只有强烈地感受到自己目标的人才能看得见。呆滞无神的眼睛、飘浮不定的目光，是无法看到人生的绝佳机会的。

　　像每一个刚开始创业的企业家一样，稻盛先生在创办第一家公司的时候，既没有理论，也没有经营经验，有的只是坚定的信念和美好的梦想。在他看来，企业制定目标是非常重要的，而且这个目标一定要表现出人类的最高理想。至于为什么制定那么高的目标，他认为要在企业界生存下来，员工和企业家都必须有热情，想要有持续不断的热情就得有梦想，要时时刻刻沉浸在梦想中，这样才能保证他们的活力处于最高点。

　　企业的目标，刚开始是领导者或是员工的梦想。人是脆弱的，也是懒惰和贪婪的，所以人得找出提升自己的方法。而持续不断的梦想，就可以让我们有个生活的目标，这样就可以大大地增强我们勇往直前的能力，而无须畏惧。

　　一开始，我们有成就某件事的梦想，当我们追逐着这个梦想时，一切都变得越来越清楚、仔细、多彩，慢慢地，梦想就变成了我们具体的目标。只要我们每天沉浸在梦想中，心里的蓝图就会越来越清晰，目标就越来越明确，然后我们就知道怎样达成目标，怎样将梦想变为现实。

稻盛先生在进行高科技陶瓷材料研制时，经常发现自己全然迷失，找不到方向，就好像置身于茫茫的浓雾中，看不清前面有没有路。然而，他还是不断地沉浸在梦想中，不停地想一定要研制出那种材料来，并且一心一意地相信，他自己能合成具有某种特质的陶瓷制品。他这一生在不断地重复、追寻这样的梦想，使他的梦想具体而细微。然后付诸实践。

再来看下面一个故事，你就能明白敢于沉浸在梦想中，不断地梦想，将会产生怎样的结果。

有一天，有兄弟两人在村里找到了一份卖水的工作，就是将离村民居住地较远的河里的水用水桶装着再挑到村里卖，第一天结束后，兄弟两人在聊天，哥哥很满意这份工作，说他的梦想实现了，每天这么挑水卖，再过几天，他可以买一双新鞋，再过一个月，他可以买一头驴，再过一年，他可以盖新房子，然后有自己的家庭。

弟弟很不满意，说天天这么挑水，肩膀又酸腿又疼，他觉得他应该跟哥哥合作，修一条管道，将水引到村里，再卖给村民。哥哥听了哈哈大笑，说弟弟在做白日梦，以他们俩的能力，现在这样差不多了。然后哥哥第二天又开始挑水，而弟弟却开始张罗挖管道。几天过去了，哥哥买到了鞋。几个月过去了，哥哥又买了驴。而弟弟还在挖管道。过了一年，哥哥的房子也盖好。而弟弟还是在哥哥和村民的嘲笑下满身泥巴地挖管道。

直到后来，弟弟的工作得到了村民的大力支持和帮助，最终管道通了，水通过管道引进村里，村民都使用自来水，再也没人去买哥哥的水。哥哥失业了。

看完这个故事，你是不是在为哥哥感到悲哀，但是往往一到现实生活中，我们很多人还是默默地生活在"提桶"的世界里，没有梦想，就是偶尔做做梦，也自己把自己否定了，认为是白日梦，更别说是做"建造管道"的梦。是想继续"提桶"还是想通过梦想，"建造管道"？这需要我们深思。

沉浸在梦想中能让我们产生对工作和生活的热情。而热情能使我们充满活力和干劲，进而发光发热。在这种状态下工作，又能产生新的梦想。一生不断这样重复梦想—热情—梦想的过程，可以激发出极大的信心、增强你努力工作的意志力、鼓舞他人，并引导大家走向成功，使我们的人生绽放生动而灿烂的色彩。

第三节

"晚稻人"成长法：有雄心壮志方能一见青天

我们无法致力于连自己都不相信的事

小时候不幸感染结核病，康复
之后又遭遇了升学考试的失利，毕
业后遇上经济萧条，好不容易就职
却进入了一家连年亏损、随时可能

【人生悟语】

唯有相信，才能有梦想成
真的那一天。

倒闭的公司。这样一路跌跌撞撞走过来的稻盛和夫最终还是取得了
成功。如果要问及他成功的最大因素，一直强调"信心""热情"
的稻盛先生也许会给我们这样的答案："因为我相信自己，相信自
己能够成功。"

"相信自己能行"，稻盛先生的这个理念也是从经营之神松下
幸之助先生那里学到的。

大概在20世纪60年代的时候，稻盛和夫去听了松下幸之助题
为"企业管理的贮存法"的演讲。松下幸之助说："经营企业一定
要善于做好贮存工作，就像是一个蓄水池需要保持一定的蓄水量

一样。"

在自由提问环节时，一位听众站起来说："松下先生，我非常赞同您的这个观点。可是，我的资金总不充足。在资金缺乏的情况下，我要怎么样进行贮存呢？"

松下先生笑着对这位听众说："这个问题我也解答不出来。但是，你还是要相信贮存的重要性，总有一天，你要用到它的。"

听到这样的答案，大家都感觉好笑；但是有一个人却很认真地记下了这些话，他就是稻盛。他从中听出了这样的道理：我们一定要相信，事情是可以做到的。

的确，稻盛先生如果不相信他能够成功，就不会创立京瓷公司，就不会带领京瓷跻身世界一流公司的队列中，也不会成为今天的经营大家了。

如果我们总是对自己说："这简直是异想天开！这件事情根本不可能完成！我根本做不到！"那么，就真的永远做不到了。我们无法致力于连自己都不相信的事情，既然不相信，就难以有持久的动力；既然不相信，就没有对抗各种困难的决心；既然不相信，又何来开拓创新的勇气呢？

唯有相信，才能有梦想成真的那一天。稻盛和夫的这个理念，影响了成千上万的人，其中，也包括下面这个13岁的小姑娘。

她叫野上田女，在小学五年级时，她听到了学校新来的音乐老师演奏的爵士乐。爵士乐丰富多彩的和声效果和自由活泼的节奏感，令野上深深着迷。"能演奏出如此美妙的音乐将是一件多么幸福的事啊！"野上由此萌发了加入学校吹奏乐器部爵士乐队的想法。

可是，当时的野上田女，没有一点音乐基础，更别说学过什么乐器了。她在乐队里担任鼓手，但实际上她接触打鼓的机会少之又少。一切从零开始，什么时候才能演奏出一首完整的曲子啊？野上对此充满了无力感。

　　但是，她没有放弃。她不停地告诉自己：我可以的，我相信我能行！她每天握着鼓槌敲击屋子里的桌子，把这当成是基础训练。当隔壁传来同学演奏的优美曲调，而她面对着毫无生气的桌子拼命地练习，有过多少次，她都泪流满面，想要甩手不干了。每到这个时候，心里的声音都会响起：相信自己吧，你一定能成功的！

　　这个信念支持着她度过了艰苦的基础训练期，当她第一次演奏成功时，兴奋得手舞足蹈。一年后，她作为乐队的骨干之一，和同学们参加了全国性的音乐比赛。舞台上的她，再也不是满眼泪光的练习生，而是一个技术娴熟、全心投入的演奏者。最后，他们获得了那次比赛的最佳演奏奖。

　　现在的野上已经是初中一年级，在爵士乐演奏方面获得的成绩让她对其他事情也都抱有信心。她参加了学校的网球组，在网球运动方面也定下了很高的目标；她还想学英语，希望以后能够从事国际交流的工作。

　　她说："也许现在看来我的理想有些不切实际，但是我相信，我能行。"

　　这位野上田女是稻盛先生的读者，稻盛读了她的故事之后，被她的故事深深感动。稻盛在写给野上的评语里说，野上是个有着美好心灵和坚韧毅力的孩子，他相信野上现在所描绘的梦想一定能够实现。

如果你现在也在为梦想努力，如果你也有想要放弃的时候，那么请在心里记住这样一句话吧："我相信我可以！我一定能做得到！"

水手和死亡的间隔，只有一块甲板的距离

稻盛先生曾多次告诉人们，要时刻保持危机意识。就像那句流传在海员中的俗语所说："水手和死亡的间隔，只有一块甲板的

【人生悟语】

时刻保持危机意识。

距离。"危机越远，越容易让人产生懈怠。曾经有这样的一个实验，把青蛙丢进滚烫的沸水中，它一下就跳了出来；但是，如果把它放进温度舒适的温水中，它不但没有跳出来，反而在水中悠然自得地游起泳来，将水慢慢加热，青蛙浑然不觉，最后被活活地烫死。

很多企业也是如此，新创立的公司面临设备、资金、客户、市场等各方面的危机，总是能够抱着时时刻刻战战兢兢、时时刻刻如履薄冰的态度，不断去创新、提升、拓展。然而，当公司发展到一定规模，有了高级的设备、充裕的资金和稳定的市场之后，反而丧失了在危机下做事的那种拼劲儿和干劲儿，没有了力争上游的积极态度和对工作的高度热诚，这才是最大的危机。

和稻盛一样，许多成功的大企业家都认为危机意识不可少。比

尔·盖茨曾经说过："我们离破产永远只有90天。"许多知名大型企业都在增强危机意识方面下了功夫。

世界上最大的航空制造公司——著名的波音公司，为了增强员工的危机意识，别出心裁地摄制了一部模拟公司倒闭的电视片。这部片子的主要内容是：在一个天空昏暗的日子里，波音公司一派颓废景象，厂房高处挂着一块牌子，上面写着刺眼的大字"厂房出售"；扩音器中传来带着悲痛的声音："今天是波音公司时代的终结，波音公司已关闭了最后一个车间。"员工们一个个垂头丧气地离开了工厂。波音公司将这部电视片在员工当中反复播放，员工们都受到了巨大的震撼，激起了公司上下的危机感。员工们在危机意识的推动下，不断开拓创新，使波音公司一直走在世界前列。

波音公司的这个做法告诉我们，企业也好，个人也好，要想不被打垮，永远立于不败之地，就必须时刻保持危机意识，居安思危、防患于未然。

如果连危机意识都没有了，那么危机就会像潮水一样铺天盖地地向你袭来。危机并不可怕，只要准备充分、调整好心态、应对得当，危机也会变成生机；丝毫没有危机意识，才是最大的危机。

稻盛先生在一次讲座中谈到了"危机"这个话题。

稻盛说："在豪华巨轮上的乘客和在简陋船板上的人，对危机的想法难免会有不同。但是，如果没有忧患意识，危机却不会对他们区别对待。"

在残酷的市场竞争中，如何能够使企业保持发展力、如何能够规避威胁企业的那些知名暗礁，稻盛有自己的原则和做法。

"我做事的原则就是，在晴天修屋顶，永远不等到雨天。不论市场如何变化，我都坚持在企业中储备一定的现金。有了雄厚的积累，再遇到危机，我都有体力支持下去，找到机会，转危为安。"

稻盛先生的做法，其实就是中国古语中常说的"未雨绸缪"。时刻保持危机意识就会迎来"生机"，没有危机意识就会面临"杀机"。

伊索寓言里有一则这样的故事：有一只野猪对着树干磨它的獠牙，一只狐狸看到了就问它："现在没看到猎人，你为什么不躺下来休息享乐。"野猪回答说："等到猎人和猎狗出现时再来磨牙就来不及了。"如果不是这样时刻做好面临危机的准备，等到猎人出现，野猪也就难逃死亡的命运了。

其实，不论是国家、企业，还是个人，未雨绸缪、保持危机意识，都是避免危机的最好方法。国家如果没有危机意识，那么这个国家在世界舞台上将难以得到重视；如果一个企业没有危机意识，那么这个企业在经济全球化的浪潮中，如何经得起一次又一次的挑战呢；如果一个人没有危机意识，也将变得不堪一击。

以热情和热忱为动力，让不可能成为可能

美国著名作家爱默生说："有史以来，没有任何一项伟大的事业不是因为热忱而成功的。"成功的事业需要全身心地投入，而全身心地投入，则需要依靠发自内心的激情。对成功而言，热忱或激情是必不可少的。要想取得成功，每个人都要有足够的热情和热

忧，成功者一定要有强烈的好胜心，这点不只表现在田径场上，在商场上更是如此。

稻盛先生告诫我们要坚持锲而不舍必定成功的信念。能够完成一件新工作的人首先要坚信自己是有"可能性"的人，对自己即将要从事的工作充满热情，才能最大程度地发挥自己的潜能，取得卓越的成绩，让不可能变成可能。

稻盛先生指出，所谓可能性，

是指"将来的能力"。如果根据现在的能力判断自己"行还是不行"，那就永远也完不成新的工作或困难的工作。

在追求成功的过程中，稻盛和夫始终保持足够的热情与热忱，把其他人看来不可能的事变为可能，一个起初微不足道的小公司，如今已立足于世界五百强。

像稻盛先生一样用自己的热情和热忱创造奇迹的还有很多。

拿破仑发动一场战役只需要两周的准备时间，换成别人可能需要一年。之所以会有这样的差别，正是因为他那无与伦比的热情。战败的奥地利人目瞪口呆之余，也不得不称赞这些跨越了阿尔卑斯山的对手："他们不是人，是会飞行的动物。"

拿破仑在第一次远征意大利的行动中，只用了15天时间就打了6场胜仗，缴获了21面军旗、55门大炮，俘虏15000人，并占领了皮德蒙德。

在拿破仑这次辉煌的胜利之后，一位奥地利将领愤愤地说：

"这个年轻的指挥官对战争艺术简直一窍不通，用兵完全不合兵法，他什么都做得出来。"但拿破仑的士兵也正是以这么一种根本不知道失败为何物的热情跟随着他们的长官，从一个胜利走向另一个胜利。

我们敬佩拿破仑，但我们更应该赞美拿破仑手下那些具有无比热情的士兵。从他们身上可以看出，对工作、生活的热忱态度能够激发自身的活力。

心理学家威廉·詹姆士在1878年写给妻子的一封信里，表现出这种思想："我经常想，为一个人的品格下注脚的最好方法，应该是去找出他的精神或态度来，尤其是发生某些特别事件的时候，使他能感觉到自己最深刻、最活跃的生命来。在这种重要时刻，通常会有一种声音在他内心深处呐喊：'这是真正的我啊！'"也就是说，兴奋时刻会把我们的真正面目呈现出来。因为，感觉到"最深刻、最活跃的生命"，正是最令人兴奋的事。

热忱的态度是我们工作能否成功的重要因素，因为情绪的动力是促使我们前进的力量。

彭奈连锁店业的创始人彭奈经常到分公司去视察业务。他检查下面的工作，不像其他老板那样查问账目，甚至连经营情况也不过问，而是在营业最忙的时间到店里去进行实地考察。

一次，他到爱达荷州一个分公司去视察。下午4点正是生意最忙的时候，他一到那里，没去找分公司经理，直接就到店里"逛"了起来。

他来到食品部，看到卖罐头的店员正同一位女顾客谈生意。顾客认为这里卖的罐头较贵，店员因说话没有技巧而打消了顾客的兴致，她连已经挑好的罐头也不要了，掉头就走。

"请这位女士留步"，彭奈赶上去说，"你不是要青豆罐头吗？我来给你介绍一种又便宜又好的产品。"女顾客不好意思走开，店员虽然不认识彭奈，但看他的气度，既热情又那么在行，也就按他的要求，从货架上取下彭奈所介绍的罐头。

彭奈拿起青豆罐头说："这种牌子是新出的，它的容量多一点，味道也不错，很适合一般家庭食用。刚才我们店员拿的那一种，色泽是好一点，但多半是餐馆用，他们不在乎贵几分钱，反正羊毛出在羊身上，家庭用就不划算了。"

"是嘛，"女顾客看着罐头，插上话来，"家里用，色泽稍差一点倒也无所谓，只要不坏就行。""质量方面请您大可放心，您看，这上面有检验合格的标志。"

这笔生意顺利谈成了，顾客高兴地购货回去。他又很耐心地给这位员工讲起了卖货的技巧，告诉员工要根据顾客的需求来推荐货物，公司的每一种产品都是好的。

彭奈虽然读书不多，但他有非常可贵的热情的态度，很快就赢得了顾客的心。彭奈公司之所以能由一个零售店变成连锁店遍布全美的大企业，靠的就是彭奈这种对客户、对工作非常热情的态度。

爱默生说："一个人，当他全身心地投入自己的工作之中，并取得成绩时，他将是快乐而放松的。但是，如果情况相反的话，他的生活则平凡无奇，且有可能不得安宁。"

没有热情的生活，就无法完全体验生活的奇观异景、喜怒哀乐和悲欢离合。饱含热情的生活会使你体会到你的心智正在发挥到极致，热情就是驱使你超越障碍、实现梦想的能量所在。如果你将热情持续地注入你的生活和事业中，想象一下，你的生活将变得多么丰富多彩。当你根据你的人生目标确定了你的活动和计划并发扬你天生的强项和喜好后，热情将随期而至。此时你将开始用睁大的眼睛，看着充满希望、奇迹和喜悦的每一天。

每个人的热情都是与生俱来的，我们之所以不能始终保有热情，就是因为我们在屡屡遭遇不公，屡屡碰壁，屡屡体味失败之后，而逐渐远离了它。而回视我们的点滴成功，无不是坚持热情带来的。正如一位伟人所言："任何一个伟大事业的成功都是一次热情的胜利。"

当然，高昂的激情来自强烈的责任心。责任是一个人立身与做事的基本条件，从创业初期起，公司业绩很不景气，面临很多在当时看来无法克服的困难，但如果你不这样去做，作为一家没有业绩的新兴中小企业，你就根本拿不到项目，这就意味着有更多的人面临失业。

稻盛先生说，很多项目我们没有指望做成。但是，我绝对不说"我做不到"，也不含糊其词地说"也许可以"，而是鼓起勇气断言"我能行"，每个困难的项目承揽下来，每一次稻盛的部下都不知所措，畏缩不前，他给部下出主意让他们如何去做，并饱含热情地告诉他们如果该项目成功的话将给公司带来多大的好处，用自身的热情鼓励员工，激发他们的热情，使所有相关人员产生饱满热情，努力接受挑战。

京瓷公司取得如今的业绩，是坚持以热情和热忱为动力，将一个个不可能变为可能。我们要想在人生道路上取得成功，就需要在工作中培养激情，在激情中愉快工作，提高的不仅仅是工作质量，而且还有人生的境界，做人的价值。热情的工作态度成就了我们的事业，而激情的人生将使我们得以永恒，实现一个个不可能的可能。

把跨栏的高度设置在比现在能力高两三成的高度

稻盛先生相信人的能力是可以无限延展的，要用"将来时"看待能力，而不是"现在进行时"。假设你的能力可以达到10，而你在设定目标时只定在9或是8，以此来保证自己一定能够达到目标。长此以往，你确实是可以达到预期的目标了，可是能力却止步不前，甚至会倒退：长久不去做完成10这个标准的目标，久而久之也就消磨了原本能够达到10的那些能力。反过来

【人生悟语】

在设定目标时，要根据你未来的能力来定，而不是着眼于现在的能力。不要觉得目标高就是不切实际，我们现在做的很多工作，在三五年前看来，不也是抱着怀疑的态度说"不可能""完成不了"吗？但是现在看来，只不过是简单的工作而已，因为我们的能力已经发展到了能够完成这些工作的程度。

想，如果你的能力是10，你在设立目标时总是比10高，而且付出更多的努力去达成，那么你今后的目标就可以越来越有挑战性，你的能力随着目标的升高而提高，你自然会逐渐进步。

稻盛先生就是用这样的方法使他的京瓷公司走上了成功之路。

京瓷公司刚成立初期，最开始生产的产品是给松下电子工业提

供用于电视机显像管上的绝缘零件。为了让公司摆脱只生产单一产品的经营危险，稻盛决定扩大业务范围。他多次向东芝、日立等大型电子企业进行宣传，称京瓷拥有高新技术，能够生产新型陶瓷绝缘产品。稻盛的这个办法并没有奏效，因为这些大企业都有长期合作的陶瓷厂家，况且，京瓷当时还是一家名不见经传的小企业，大企业的工程师们，谁也不放心把订单交给稻盛。

于是，这些工程师们就会问："既然你们有这种新型陶瓷的制作技术，那么这样的产品你们可以吗？"他们给出的都是其他陶瓷厂家不肯接受的高难度、高要求的产品订单。稻盛面对这些订单都十分肯定地回答："我们可以！"

他的做法让京瓷的员工们感到十分费解，明明是不可能做到的事情，为什么要接下这样的订单？稻盛自己也很清楚，以京瓷当时的技术实力确实不太可能达到这些订单的高难度要求。但是，如果说做不出来，京瓷从此就不会再有大客户，企业的前途堪忧；既然答应，就必须做出来，否则得到的也将是永远失去这些客户的结果。

京瓷当时既没有相关经验，更没有技术和设备。员工们反问稻盛："连设备都没有，怎么可能做得了？"

稻盛鼓励他们说："没有设备，我们可以去买二手设备来用；就技术来说，我们确实是难以胜任，可现实就是这样；只要我们肯努力，只要我们全心付出，在未来，我们一定能够实现目标！打起精神来，加油吧！"

定下高目标，再想方设法、不遗余力地去为之拼搏，京瓷的技术就这样一步一步提高起来，知名度也因此而得到不断提升，从而成就了京瓷的"世界一流"梦想。

　　稻盛先生的做法是一个提高能力的好办法，根据自己现在的能力，大胆设想未来某一时间点的能力，始终把标杆设定在比自己现有能力高两三成的高度，定下目标之后，就全力以赴，不达目标绝不放弃。

　　当然，目标并非定得越高越好，目标远大也要有一定限度，如果目标太过遥远，会令员工望而生畏，失败次数多了势必会影响团队士气，比现在高两三成的高度也许是比较合适的。这样的目标既能够避免绝对失败带来的消极影响，又能够促使团队努力奋进、不断进步，进而朝着更高的目标迈进。

　　稻盛的做法是，把远期目标定得适当高一些，然后将远期目标分解成一个个可以分阶段完成的小目标，每当完成一个小目标的时候，就增加了一份成功的信心，也就离成功更近了。

第三章

工作哲学：工作就是修炼心性的道场

工作即人生：工作 = 思维方式 × 热情 × 能力

正面思维等于持续的人格提升

熟悉稻盛和夫的人可能都知道，他曾用一个很经典的方程式表达他的工作观和人生观，这个方程式是：人生工作的结果=思维方式×热情×能力。

开创京瓷后不久，稻盛和夫就想出了这个方程式。此后，他一直遵循这个方程式努力工作，在人生道路上乘风破浪。同时，他不仅自己努力实践，而且一有机会就向员工们解释这个方程式是何等地重要。

【人生悟语】

正面思维会促使人们以积极、主动、乐观的态度处理事情，使事情向着有利的方向发展。正面思维使人在顺境中脱颖而出，在逆境中更加坚强。正面思维会变不利为有利，变优秀为卓越。

稻盛认为，如果方程中的思维方式为负，如果不改正，不管你有多少财富，你都不可能有幸福的人生。

要拥有幸福的人生，要把工作做到完美，事业做到最大，就必须具备正面的"思维方式"。只有做到这点，一个人的一生才有可能会在工作上硕果累累，在生活中获得幸福。

人和动物、植物的区别在哪里？心理学之父威廉·詹姆斯曾说过，我们这个时代最伟大的发现就是，人们可以通过改变思维方式来改变自己的生活，而思维方式是人们可挑选的一种选择，我们可以用积极或者消极的思想对待事物。若非身体机能出现差错，我们都可能自主地选择用哪种思维方式思考问题。

大脑是一个出色的过滤器，但很多员工却不懂得如何使用它。阿兰·彼得森在《更好的家庭》一书中说道，消极思潮正影响着我们，人天生容易受到消极思想的影响。在实际工作中，人们不难发现，如果有一个人说一些心灰意冷的话，就极有可能降低整个团队的士气；而真诚的赞美则令人精神鼓舞、斗志昂扬。

纵观职场百态，成功者之所以成功，就是能够将正面的思维运用到工作和生活中，自己树立自己，自己成就自己。

一个精明的荷兰花草商人，千里迢迢从遥远的非洲引进了一种名贵的花卉，培育在自己的花圃里，准备到时候卖个好价钱。对这种名贵花卉，商人爱护备至，许多亲朋好友向他索要，一向慷慨大方的他却连一粒种子也不给。

第一年的春天，他的花开了，花圃里万紫千红，那种名贵的花开得尤其漂亮。第二年的春天，他的这种名贵的花已繁育出了五六千株，但他发现，今年的花没有去年开得好，花朵略小不说，还有一点杂色。到了第三年，名贵的花已经繁育出了上万株，令他沮丧的是，那些花的花朵变得更小，花色也差很多，完全没有了它在非洲时的那种雍容和高贵。当然，他没能靠这些花赚上一大笔。难道这些花退化了吗？可非洲人年年种养这种花，大面积、年复一年地种植，并没有见过这种花会退化呀。百思不得其解，他便去请教一位植物学家。

植物学家问他："你的邻居种植的也是这种花吗？"他摇摇头说："这种花只有我一个人有，他们的花圃里都是些郁金香、玫瑰、金盏菊之类的普通花卉。"植物学家沉吟了半天说："尽管你的花圃里种满了这种名贵之花，但和你毗邻的花圃却种植着其他花卉，你的这种名贵之花被风传播了花粉后，又沾上了毗邻花圃里的其他品种的花粉，所以你的名贵之花一年不如一年，越来越不雍容华贵了。"商人问植物学家该怎么办，植物学家说："谁能阻挡住风传播花粉呢？要想使你的名贵之花不失本色，只有一种办法，那就是让你邻居的花圃里也都种上你的这种花。"于是商人把自己的花种分给了自己的邻居。次年春天花开的时候，商人和邻居的花圃几乎成了这种名贵之花的海洋——花色典雅，朵朵流光溢彩，雍容华贵。

这些花一上市，便被抢购一空，商人和他的邻居都发了大财。想要有名贵的花，就必须让自己的邻居也种上同样名贵的花。精神世界也是这样的，一个人想要维持自己品德的高尚，如果不懂得和别人分享，就只能是孤芳自赏，甚至背上自闭与不通事理的骂名。

分享是为了在我们需要时的得到，给自己一个好人缘和和睦的生活、工作环境。在分享中，我们得到的远比分享的多得多。

成功是有顺序的，首先是有一个正面的思维，然后是做法的有效，最后是人格的提升。可以这么说，正面思维是所有成功的起点。在历史故事里、在现实生活中，哪里有成功人士，哪里就有正面思维。

一个企业要和国际接轨，就要和比自己强大的跨国企业竞争，这首先就要求有一个正确的思维，在思想上立于不败之地。首先必须要在软件上战胜竞争对手，充分看到自己的优势和长处，懂得化不利为有利。在迈向成功的道路上，我们比以往任何时候都需要正面思维。

每个员工在职场竞争中求生存发展之道，弱者要变强，强者要更强，必须具有正面的思维，以这种思维指导自己的工作，在努力工作中会不知不觉地提升自己的人格。然而工作往往压力大，困难多，如逆水行舟，不进则退。其中一些意志不够坚定的员工，容易产生反面的想法。本来可以大有作为，结果仅仅因为没有从正面来思考和处理问题，而与成功失之交臂。

正面思维会促使人们以积极、主动、乐观的态度去处理任何事情，使事情向着有利的方向发展。正面思维使人在顺境中脱颖而出，在逆境中更加坚强。正面思维会变不利为有利，变优秀为卓越。

正面思维在人们日常工作的真正执行中，会被发现更多的力量和价值。卡尔·巴德说过："虽然时光不会倒流，无人能够从头再来，但人人都可以从现在做起，开创全新的未来。"正面思维是一个神奇的魔棒，它能点铁成金，帮助每一位员工在职场中搬开绊脚石，披荆斩棘，乘风破浪，并赋予他们一个充满魅力的人格。

以完美为目标就是无止境地追求内心的理想

"全国劳动模范""全国杰出青年岗位能手"李素丽曾说过，认真只能把工作做对，用心才能把工作做好。在实际生活中她也是这么做的，在平凡的岗位上，她用心尽力将工作做好，就是在追逐心中的那个理想。其实，人与人智力之间的差别很小，造成人与人之间巨大差距的是努力、用心的程度不同。稻盛和夫就是一直以完美为目标无尽地追求，他坦言，就工作而言，自己是个完美主义者。

在平时的生活当中，要求自己做到事事完美着实困难。但是如果你能把追求完美变成自己的第二天性，事情就变得轻松简单很多。好比发射一颗卫星上天需要非常巨大的能量。然而，一旦卫星走上了它的运行轨道，那么就不需要很大能量便可以维持它的正常运转了。

【人生悟语】

必须为自己建一座灯塔，为自己将来的路指明方向。做第一个吃螃蟹的人就是意味着没有前人的经验可以借鉴，自己才是竞争中的唯一对手。

8年前，莎莉斯和科利尔还在俄勒冈州的一家大酒店里供职。在工作中他们发现，很多人在旅游之际，不愿意去酒店里的酒吧、赌场、健身房等娱乐场所，也不喜欢看电影、电视，而是静下心来在房间里看书。时常有游客问科利尔：酒店里能不能提供一些世界名著？酒店里没有，爱看小说的科利尔满足了他们。问的人多了，莎莉斯就留心起来。一段时间后，她发现这一消费群体相当庞大。现代社会压力极易让人浮躁，人们强烈地要求释放自己，有的人就去酒吧疯狂，去赌场寻求刺激来发泄；而另一部分人偏爱寻一方静地让自己远离并躲避一切烦恼与压力，看书是一种最好的方式。开一家专门针对这类人群的旅馆，是否可行呢？莎莉斯在一次闲聊时，把这个想法对科利尔说了。没想到他早就注意到这一现象，两人一拍即合，决定合伙开办一家"小说旅馆"。

为了安静，他们最后选择了纽波特海湾这个偏僻的小镇。他俩集资购买了一幢3层楼房，设客房20套，房间里没有电视机，旅馆内没有酒吧、赌场、健身房，连游泳池都没有。这就是科利尔和莎莉斯所想要达到的效果。在"海明威客房"中，人们可以看到旭日初升的景象，通过房间中一架残旧的打字机及挂在墙壁上的一只羚羊头，人们马上就会想到海明威的小说《老人与海》以及《战地钟声》等里面动人的情节描写，迫不及待地想从"海明威的书架"上翻看这些小说，那种舒适的感觉也许让人终身难忘。所有的故事描述与人物刻画在莎莉斯和科利尔的精心筹划和布置下，都表现在房间里。令人大惑不解的是，他们的旅馆刚投入使用，来此的游客就与日俱增，尽管对这种新颖的旅馆有口碑相传的效应，但稀疏的几个外来人或许自己都没有来得及消化，影响还不至于这么快。

原来，在科利尔和莎莉斯布置旅馆的同时，就早已开始了招徕顾客的工作。既然是小说旅馆，自然顾客群是与书亲近的人。为了方便与顾客接触、交流，他们在俄勒冈州开了一家书店，凡是来书店购书的人都可以获得一份"小说旅馆"——西里维亚·贝奇的介绍和一张开业打折卡。许多人在看了这份附着彩色图片的介绍之后，就被这家奇特的旅馆吸引住了，有的人当即就预订了房间。为了增大客源，莎莉斯还与俄勒冈州的其他书店联系，希望他们在售书时，附上一张"小说旅馆"的介绍。这种全方位、有针对性的出击，为他们赢得了稳定的客源。这种形式一直持续到现在。随着时间的推移，"小说旅馆"的影响日渐扩大。莎莉斯和科利尔书店生意的兴隆，也显示出了其"小说旅馆"客人的增加。在旅馆的每个房间和庭院里，随处可见阅读小说、静心思考、埋头写作的人；甚至一些大牌演员和编剧也在这里讨论剧本。一些新婚夫妇以住在旅馆中用法国女作家科利特命名的"科利特客房"中度蜜月为荣。

细节影响品质,细节体现品位,细节更显示着人们对完美的追求。

稻盛和夫说,在他所经过的旅途中,每每遭遇巨大苦难,他总是拼命地寻找指引方向的灯塔。但他所处之处是辨不清方向的茫茫大海,不可能找到灯光。他必须为自己建一座灯塔,为自己将来的路指明方向。做第一个吃螃蟹的人就是意味着没有前人的经验可以借鉴,自己才是竞争中的唯一对手。只有领悟到这种境界才可以使自己到达完美的状态。对开拓一片崭新天地的先行者而言,所谓的"更好"或"最好"是与他人比较的结果,而先行者身边没有可以依靠或比较的人选,因此只能做到完美。

无独有偶,我国的著名企业海尔公司的"零缺陷"管理为很多企业树立了典范。"零缺陷"意味着追求产品品质的完美无缺,不能出任何纰漏。他们通过零缺陷的管理要求,不断地向海尔集团的理想靠近。海尔集团的董事局主席、首席执行官张瑞敏说过,凡是有缺陷的产品,就是废品!只要去过海尔集团参观的人都知道,海尔的展览馆里保存着一把大铁锤,这把大铁锤是海尔发展的"功臣"。而说到这把大铁锤的来历,则要追溯到20世纪80年代。

1985年,张瑞敏刚到海尔,当时的海尔叫作青岛电冰箱总厂。在那个时代,冰箱供不应求,海尔生产出来的所有产品,甚至没有合格的冰箱都能不费吹灰之力地销售一空。1985年4月,张瑞敏收到了一位客户的投诉信,说自己购买的海尔冰箱存在质量问题。张瑞敏觉得事情很严重,于是对仓库进行了突击检查,结果发现有76台冰箱存在各种各样的质量问题。

在开会讨论该事件的处理办法时，干部们主要有两种意见：一是作为"公关手段"，把问题冰箱处理给经常来厂检查的工商局、自来水公司或是电业局的人，借此拉近他们与海尔的关系；二是当作福利，把冰箱处理给对本厂有过贡献的员工。可张瑞敏坚决不同意，他说：我要是同意把这76台有问题的冰箱卖出去，就无异于允许你们明天再生产10倍这样的问题冰箱。

最终，张瑞敏在海尔弄了两个大展览室，将劣质零部件和76台劣质冰箱全部展出，让全厂的员工都前来参观。参观结束后，他把负责生产这些冰箱的员工留下，他自己先拿了一把大铁锤，狠狠地朝一台冰箱砸了下去，把这台冰箱砸得七零八落。接着他把锤子交给责任人，让他们亲手把这76台冰箱全部销毁。

很多当时在场的人都流下了眼泪。当时员工的人均月收入只有40多元钱，而那时的一台冰箱能卖到800多元钱，一台冰箱相当于很多人两年的工资。

尽管那时的海尔还有负债，而且生产冰箱的成本也不低，但张瑞敏还是做出了出人意料的举动。这一锤砸下去，砸醒了全体员工陈旧的质量意识，它让员工明白了：在海尔，任何不完美的产品就成了废品，因为海尔的目标是接近"完美"。没有这一锤，便没有海尔的前途，更不会有海尔今天的辉煌。

以完美为目标是一种理念、一种意识、一种作风、一种精神、一种积极的态度，一种精益求精致入微的工作模式。完美主义不是一项阶段性的任务，而是一项系统性很强的长期工程。

改变粗放的工作模式，事事力求完美，持之以恒地坚持下去，长期坚持就会形成习惯，良好的习惯就会成为品质，这种品质便会带领我们无尽地追求自己内心的理想。稻盛指出，完美主义是那只最终决定个人成长和企业发展、成败命运的看不见的手。

付出不亚于任何人的努力

常常听到有人说："只要付出了，就会有收获。"有句谚语讲得好："一分耕耘，一分收获。"企业经营中最重要的事情莫过于每一天都竭尽全力、拼命工作。

【人生悟语】

每天坚持认真地、不遗余力地工作，应该是做人最基本的、必要的条件。

如果这样问一个人："今天你是否努力？"

估计大多数人都会说："是的。"

稻盛和夫经常问："你是否在竭尽全力地工作？"

回答通常是："是的，我在努力工作。"

但稻盛和夫显然对这样的回答不满意，他常常会接着问："你是否付出了不亚于任何人的努力？""你的工作方法是否合适？"

稻盛坚信，坚持每天认真地、不遗余力地工作，应该是做人最基本的、必要的条件。"付出不亚于任何人的努力"几乎成了他的一句口头禅。

"付出不亚于任何人的努力"，只有做到这点，才能拥有华丽的人生，才能成功地经营一个企业。做不到这一点，无论企业经营抑或人生的成功，都是纸上谈兵。今年不景气，可能明年也会不景气，不管市场多么不景气，工作总要继续，还是要拼命地工作。人们常说："经营战略最重要，经营战术不可少。"但是稻盛的观点是，除了拼命工作外，没有第二条路通向成功。

稻盛一直把他的舅舅作为榜样。战后稻盛的舅舅身无分文，只得做个菜贩。他的文化程度不高，不过小学毕业。他每天拉着比自己身体大得多的大板车出摊，冬有三九夏有三伏，无一日例外，也不在意被邻居们嘲笑。他不知道什么是经营，怎样做买卖，更不懂会计知识，但是他的菜铺规模越开越大。直到他晚年，经营都很顺利。此时的学问和能耐都可以忽略不计，埋头苦干给他带来了收成。舅舅的形象一直深深刻在了稻盛的心中，也对他后来创办京瓷起了很大的作用。

仅付出和大多数人一样的努力，基本上是没有什么成功的概率的，不管这努力持续了多长时间。因为这只是做了理所应当的事情，想在激烈的竞争中有骄人的表现，就得付出非同寻常的"不亚于任何人的努力"。

希望在工作中有所建树，就必须持续地付出这种近乎个人极限的努力。如若不肯付出加倍的努力，而想取得成功并维持成功，那绝对是妄想。

初创京瓷之际，稻盛每天全心工作，以至于每天晚上几点回家，几点睡觉，都完全没有概念。

所谓"不亚于任何人的努力"，是没有终点、突破极限、永无止境的努力，不是说做到这种程度差不多就可以了。将目标递进，靠的就是这种持续的、无限度的努力。

然而，在这个艰苦困难的过程中，员工难免会有牢骚和不满：

"这样无限度的、不要命的工作，人的血肉之躯能受得了吗？过不了多久，大家都会累倒的。"员工的确个个满脸的疲惫。

稻盛考虑再三，最终还是狠下心来，说了下面一段话：

"企业经营就好比是参加马拉松比赛。我们是业余团队，没有经过专业的训练。在这样的长距离赛跑中，我们起跑时已经被别人落下了。此时此刻，如果还想继续参加比赛，只有用百米赛跑的速度飞奔才行。当然，很多人认为这样拼命，身体会吃不消。但是，我们在起跑的时候已经晚了，又没有专业的训练，缺乏比赛的经验，不这么做就没有可能会成功。如果不能坚持下来，还不如不参加这次比赛。"

员工被他说服了。

在资金、技术、设备都严重匮乏的情况下，京瓷又是最后一个加入新型陶瓷行业的企业。考虑到严酷的现实，已经没有从容不迫选样的余地，除了拼命努力之外别无他法。这种不得已的、严酷的，简直不近人情的决断，得到员工的理解，大家决定共同奋斗渡过难关。

这种努力开花结果了。不到10年，京瓷的股票上市了，这是一个关键发展点。

这时，稻盛对员工们说：用百米赛的速度挑战马拉松，大家都担心途中有人落伍。但是，一旦以百米的冲刺速度跑起来以后，做事竭尽全力就成为大家共有的习惯，居然一直坚持到今天。在比赛中，大家看到的那些先起跑的团队速度并不算理想。现今最领先的团队已经进入了我们的视野范围，说明我们与第一的距离拉近了。请大家继续努力，全力奔赴，超越他们。

稻盛和夫把这种以短跑的冲刺速度叫板长跑比赛的无限度的努力，叫作"不亚于任何人的努力"。

中等程度的努力太平凡，它的力量不足以让企业或个人获得理想的成果。只有付出"不亚于任何人的努力"才是人生完满和事业有成的王道。

付出"不亚于任何人的努力"乃是自然的机制。不论是动物还是植物都在拼命努力地发展自己以求生存，而只有人类才会贪图安乐、不思进取，认为竭尽所能地工作是在变相虐待自己，但事实绝非如此。

为了自身的生存和发展必须拼命努力，自然界的机制本来就是这样。不努力的植物不存在，因为它们在竞争中已经被淘汰出局。动物也是一样，不拼搏则面临灭绝。

付出"不亚于任何人的努力"，这是天地万物的"铁的法则"，人也应如此。

从知识到见识，从见识到胆识

关于知识、见识和胆识，字典里的解释是：知识是人们在改造世界的实践中所获得的认识和经验的总和；见识的意思是见闻、知识；胆识的意思是胆量和见识。

知识大部分是书本上得来的，

【人生悟语】

胆识的母亲是勇气。倘若没有排除万难、坚韧不拔、坚持奋斗到底的勇气，一切知识都会灰飞烟灭，没有勇气做支撑的知识是一盘散沙，无用武之地。

基本上属于理论范围；见识是在知识的基础上有一定的实践；而胆识则是人的能力和魄力，是才华和知识的集合。知识的内容包罗万象，所涉及的范围广泛。见识是平时我们对身边周围社会和事物的观察、思考和积累的程度，是一个人通过参与社会实践所获得的认识和经验的积累。所谓见多识广的多是那些有着丰富经验的人。此外见识还意味着一个人对事物认识的维度，即深度、高度和广度。

在一个钓鱼池旁边，有一群喜欢钓鱼的人正在垂钓。似乎每个人的运气都很不好，没有一条鱼上钩，因此当其中一位M先生钓到一条大鱼时，大家都为他喝彩。而这位M先生表情却非常奇怪，他两手捧着鱼，目测鱼的大小后，竟摇着头将鱼放回鱼池。虽然周围的人都很惊讶，但毕竟这是人家的自由，大家也只好若无其事地继续垂钓。

接着，M先生又钓上一条大鱼，他看了一下又把它放回鱼池里，大家都觉得奇怪。等到第三次M先生钓到一条小鱼时，他才露出笑脸将鱼放进自己的鱼篓里，准备回家。这时有一位老人问他："虽然来这儿钓鱼的人只是为了尽兴，但你的行为令人不可思议。头两次钓上来的大鱼你总是放回水里，而第三次你钓上来的鱼非常小，在任何一个鱼池里都可以钓到，你却非常满意地将它放到鱼篓里，这是为什么呢？"

M先生回答说："因为我家所有的盘子中，最大的盘子也只能放这么大的鱼。"

人常常在不知不觉中，以目前仅有的见识来企求自己所希望得到的东西。人生仅有一次，如果只相信"小盘子"，得到的将会只是一个狭窄的人生。面对人生所谓的"小盘子"，应该发散思维，慢慢将它扩大为大盘子，拓展更为宽广的人生。

一个人对事物的洞悉能力和感知能力常常源于他的见识。常言道，读万卷书不如行万里路，行万里路不如阅人无数，阅人无数不如重叠成功人的脚步。接受教育，不间断地学习，是进行知识积累的过程；把学到的知识直接或间接地在实践中去运行阐释，借鉴正反两方面的经验，遇事多分析、多总结，减少无知的盲目举动和不知所措的愚蠢行为，这就是见识。学习的知识通过实践经历的酿造不断积淀，逐渐厚重起来，那么具有个人风格的见识便于实践中形成了。见识是知识在实践中淬炼的结晶。

胆识是胆量和见识的综合体。无论是在工作中还是生活中，每个人都经受过这样的考验：关键时刻，有没有胆量站在一个崭新的高度，迎接某些原本自己能力达不到的挑战。最后使你坚定并坚持下来的力量，是一种犀利的眼光、坚强的意志，以及明智的选择，这便是胆识。胆识是人的勇气和能力的结合。

所谓"君子"者，即是在任何事态下都能随机应变，如鱼在水中，灵活自如，游刃有余。也就是说，通过修养自身的品行，获得出众的见识，面对任何局面都能利用自己的见解应对自如，这一切都需要在行事之前做好万全的准备。

稻盛和夫在日本哲学大家安冈正笃的著作中，对"知识""见识""胆识"有了自己的领悟。稻盛认为，胆识的母亲是勇气。很多人知道这个道理，却在困难面前犹豫踌躇，关键原因在于他们缺乏勇气作为后盾。过分在意"自我"会导致勇气的丧失。

常言说得好，"读《论语》而不知《论语》"。相信大多数人都聆听过先贤的教诲，也读过圣贤书。然而，倘若仅仅停留在"知"的层面还不够，应当把知识通过实践提升为见识、把见识通过勇气升华为胆识。

其实杰出者与平庸者的差距，并不简单地在于知识的多寡、专业的优劣，而在于谁的经历丰富，见多识广，遇事不慌，有一种运筹帷幄的胆识和气度，对于任何情况都能应对自如。

为了更好地生活，人们必须掌握各种各样的知识。然而，知识只是表面的，距离实际运用差得很远。必须将知识进一步转化成具有强大实践能力的见识。当然，这还是不够的，必须用真正的勇气把见识打造成临危不乱的胆识，这才是成就大事业的关键点。

有胆量才会有突破，有突破才会有创新。然而倘若没有知识和见识给勇气当基石，那勇气只是匹夫之勇或意气用事。而只有知识和见识，那么就像纸上谈兵或望梅止渴。有了知识和见识的勇气才是胆识，"有胆无识狂为勇，有识无胆多空谈"。做一个有胆有识的人，不但要积累知识、增长见识，更要有必胜的勇气和决心，有敢于挑战的胆量。

磨炼心魂：努力工作的彼岸是幸福的人生

我们为什么要努力工作

稻盛和夫认为，现在的日本，正处于一个没有方向感的时代。其原因来自两个方面：一方面，人们找不到明确方向的行动指针；另一方面，人们遇到了许多前所未有的问题，带来了极大的困惑。比如说，整个社会的老龄化，年轻人的比例减少，人口负增长，地球资源枯竭以及环境污染、生态恶化，等等。在这些危机与困惑中，人们的价值观念也产生了巨大的变化，并在变化中显得更加混乱。

【人生悟语】

一个人只要理解工作的含义，并能全心全意地投入工作，那么他就能够拥有一个充实幸福的人生。

人们的价值观当中变化最显著的一点就是对"劳动"观念认识的扭曲，以及对人们赖以为生的"工作"认识的改变。现代社会，大多数人对工作目标和意义没有一个正确的认识。于是，"劳动是为了什么""为什么要努力工作"这样的问题出现得越来越多。

在当今的时代，有相当一部分人不喜欢自己的工作，讨厌劳动，而且还尽可能地逃避工作责任。这种倾向在明显地滋长。更有甚者把"努力做好自己工作""拼命进行劳动"看得无足轻重。他们嘲笑和轻蔑积极工作的人。

还有很多人热衷于股票市场，寄希望于股票买卖，期待轻轻松松发大财。许多人创办风险企业，其目的也只是想通过公司上市来募集大量资金。用这些手段把发财当作人生终极目标的人在日益增多。

与此同时，恐惧、排斥劳动的倾向渐渐在社会上占据了主流。

许多年轻人，刚刚踏入社会，就把工作看作苦役，而且认为这种苦役剥夺人性。甚至很多人，选择了啃老，在双亲的庇护下混日子，干脆不去求职、不去工作。劳动观念、工作意识的改变，导致了无固定工作的自由职业者的增加。

把工作当成不得不做的"必要之恶"，这种想法在当代社会似乎已经成为一种共识。

驻安巴、纳米比亚前大使任小萍女士说，在她的职业生涯中，每一步都是组织上安排的，自己并没有什么自主权。在每一个岗位上，都是她个人的选择，都希望比别人做得更好。大学毕业那年，她被分到英国大使馆做接线员。在很多人眼里，接线员是一个很没出息的工作，然而任小萍在这个普通的工作岗位上做出了不平凡的业绩。她把使馆所有人的名字、电话、工作范围甚至连他们家属的名字都背得滚瓜烂熟。当有些打电话的人不知道该找谁时，她就会多问几句，尽量帮他(她)准确地找到要找的人。慢慢地，使馆人员有事外出时并不告诉他们的翻译，只是给她打电话，告诉她谁会来电话，请转告什么，等等。不久，有很多公事、私事也开始委托她通知，她成了全面负责的留言点、大秘书。

有一天，英国大使竟然跑到电话间，笑眯眯地表扬她，这可是一件破天荒的事。结果没多久，她就因工作出色而被破格调去给英国某大报记者处做翻译。该报的首席记者是个名气很大的老太太，得过战地勋章，授过勋爵，本事大，脾气大，甚至把前任翻译给赶跑了，刚开始时她也不接受任小萍，看不上她的资历，后来才勉强同意一试。结果一年后，老太太逢人就说："我的翻译比你的好上十倍。"不久，工作出色的任小萍又被破例调到美国驻华联络处，她干得同样出色，不久即获外交部嘉奖。

当你在为公司工作时，无论老板把你安排在哪个位置上，都不要轻视自己的工作，都要担负起工作的责任来。那些在工作中推三阻四，寻找各种借口为自己开脱的人，对这也不满意、那也不满意的人，往往是职场的失意者，他们即使工作一辈子也不会有出色的业绩。

很多人都希望工作又轻松而且赚钱又多。这些人都是抱着心里不愿意工作，但因为要糊口又不得不做的心态。这样的心态怎么能做好工作呢？不愿意受工作环境的束缚，只重视私人生活的空间，只对个人感兴趣的事情投入精力，这样的生活方式，在当今时代早已是司空见惯了。

安妮是一家跨国公司办公室的打字员。有一天中午，同事们都出去吃饭了，只有她一个人还留在办公室里收拾东西。这时，一个董事经过她所在的部门时，停了下来，想找一些信件。这并不是安妮分内的工作，但是她回答："尽管对这些信件我一无所知，但是，我会尽快帮您找到它们，并将它们放到您的办公室里。"当她将董事所需要的东西放在他的办公桌上时，这位董事显得格外高兴。4个星期后，在一次公司的管理会议上，有一个更高职位的空缺。总裁征求这位董事的意见，此时，他想起了那位打字员——安妮。于是，他推荐了她，安妮的职位一下子升了两级。

稻盛和夫认为，人难得到世上走一遭，如果就这样马虎度过，也就失去了人生的意义。稻盛和夫通过自己多年来对工作的实践体验和思考得出的结论是：一个人只要理解工作的含义，并全心全意地投入工作，那么他就能够拥有充实幸福的人生。劳动和工作可以给人生带来巨大的喜悦和收获。

工作是值得推崇的行为

人为什么要工作？相信大多数人都会认为，工作的目的是获得生活的食粮。他们觉得，劳动的价值是为了吃饭而获取报酬，这也是工作的首要意义。

工作是一种非常值得推崇的行为，它能够铸造人格、磨砺心志，是人生最尊贵、最重要、最有价值的。

当然，为了获得维持生活的报酬，是工作的重要理由之一，这无可厚非。然而，人们拼命努力工作，难道说仅仅是为了吃饭这一目的吗？

美国前总统亨利·威尔逊出生在一个贫苦的家庭，当他还在摇篮里牙牙学语的时候，贫穷就已经冲击着这个家庭。威尔逊10岁的时候就离开了家，在外面当了11年的学徒工。其间，他每年只有一个月时间到学校去接受教育。

经过11年的艰辛努力，他终于得到了一头牛和六只绵羊作为报酬。他把它们换成了84美元。他知道钱来得很艰难，所以绝不浪费，他从来没有在玩乐上花过一分钱，每个美分都要精打细算才花出去。在他21岁之前，他已经设法读了1000本书——这对一个农场里的学徒来说，是多么艰巨的任务呀！在离开农场之后，他徒步到150公里之外的马萨诸塞州的内蒂克去学习皮匠手艺。他风尘仆仆地经过了波士顿，在那里他看了邦克希尔纪念碑和其他历史名胜。整个旅行他只花了一美元六美分。

他在度过了21岁生日后的第一个月，就带着一队人马进入了人迹罕至的大森林，在那里采伐原木。威尔逊每天都是在东方刚刚翻起鱼肚白之前起床，然后就一直辛勤地工作到星星出来为止。在一个月夜以继日的辛劳之后，他获得了6美元的报酬。

在这样的穷困境遇中，威尔逊下定决心，不让任何一个发展自我、提升自我的机会溜走。很少有人像他一样深刻地理解闲暇时光的价值，他像抓住黄金一样紧紧地抓住了零星的时间，不让一分一秒无所作为地从指缝间白白流走。12年之后，这个从小在穷困中长大的孩子在政界脱颖而出，进入了国会，开始了他的政治生涯。

一个人的发展与成长，天赋、环境、机遇、学识等外部因素固然重要，但更重要的是自身的勤奋与努力。没有自身的勤奋，就算是天资奇佳的雄鹰也只能空振双翅；有了勤奋的精神，就算是行动迟缓的蜗牛也能雄踞塔顶，观千山暮雪，望万里层云。成功不能单纯依靠能力和智慧，更要靠每一个人自身孜孜不倦地勤奋。

工作的意义，正在于此。日复一日勤奋地劳作，就是所谓"精进"，可以达到锻炼我们的心志、提升人格的作用。稻盛和夫曾谈到，他在一个电视访谈类节目中看到主持人采访一位木匠师傅。这位木匠师傅所说的话，很令人感动。

这位木匠师傅说：树木里居住着生命。工作时必须倾听这树木中生命发出的呼声……在使用千年树龄的木材时，我们须以精湛的技术和认真负责的工作态度来对待，因为我们的技艺必须像有着千年树龄的树木一样，要经得起千年岁月的考验。

这种动人心魄的话出自一个平凡木匠之口，但是，这种话只有终身努力、埋头于工作的人才能说出来。

木匠工作的意义是什么呢？它的意义不在于使用工具去建造美轮美奂的房屋，不在于不断提高木工技术和工艺，而在于磨炼人的心志，铸造人的灵魂。这是稻盛和夫从这位令人肃然起敬的木匠师傅的肺腑之言中听出的深刻意蕴。

这位木匠师傅年逾七十，只有小学毕业的他几十年间从事着木匠这项工作，辛苦劳累。其间，他也不胜厌烦，甚至有时也想辞职不干，但性格坚韧的他还是坚持了下来，几十年如一日地承受和克服了这种种劳苦，勤奋工作，潜心钻研。像这样将自己的一生奉献给一种职业，在埋头工作的过程中，他逐渐塑造出了厚重的人格。孜孜不倦地追求让他在经历了一生的劳苦和磨难后，才用自己的体会道出了如此语重心长、警醒世人的人生智慧。

像这位可敬的木匠师傅一样，将自己的一生奉献给一项职业，埋头苦干，这样的人最有动人心弦的魅力，也最能打动人。稻盛和夫曾经说过,工作是对万病都有疗效的灵丹妙药,通过工作可以克服种种艰难险阻,让自己的人生命运时来运转。将自己的工作当作信仰,把劳动看得高贵神圣,是值得推崇的。

人生是由种种苦难构成的。虽然苦难既不是我们希望的,也不由我们控制。但意想不到的苦难却常常不期而至。灾难和不幸接踵而至,不停地打击我们,折磨我们。在这个过程中,我们不由得为自己的命运而生发出怨恨的心情,甚至心灰意冷,稍一松懈便被苦难所打败。

然而一种巨大的能量却在"工作"中潜伏着,它可以帮助你战胜人生中的种种磨难,给处于危机的人生带来美好的憧憬和希望。稻盛用自己的亲身经历验证了这个真理。

工作能够强大一个人的内心,帮助人克服人生的种种磨难,让命运获得转机。只有通过长期坚持不懈的工作,不断磨砺心志,才会具备厚重充实的人格,在生活中像大树而不是芦苇,做到沉稳而不摇摆。

生活在现代的年轻人,承担着人们对未来的希望以及创造未来的重任,在工作中不可好逸恶劳,不要逃避困难。秉着一颗纯真自然的心,全身心地投入工作当中去,是接近成功以及磨砺心志的最好方法。

当心存疑惑工作到底是为了什么时,稻盛和夫希望我们记住下面这句话:

工作是一种非常值得推崇的行为,它能够铸造人格、磨砺心志,是人生最尊贵、最重要、最有价值的。

劳动的意义重在完善人的内心

稻盛和夫认为，想活得好，就要干得好，这一点非常重要。

可以这样说：人们通过每天的日常工作提升心智、砥砺人格的"修行"。

稻盛回忆，大约在十年前，和一位德国领事谈话时，那位领事说过让他至今难忘的话：劳动的意义不单单在于追求工作成绩，更在乎于完善一个人的内心。

【人生悟语】

凡是功成名遂的人，毫无例外地，都是不懈努力，历尽艰辛，埋头于自己的事业，才取得了巨大成功。通过艰苦卓绝的努力，在成就伟大功绩的同时，他们也造就了自己完美的人格。

工作最重要的目的在于，通过每天的工作来不断磨砺自己的心智、提高自己的品格。也就是说，一个人应该全身心投入当下自己应该做的事情中去，全神贯注，精益求精。将人的心灵比作一块土地，这样全心工作就是在耕耘心灵的土地，深沉厚重的人格将成为最宝贵的收获。

亨利的父亲过世了，他还有一个2岁大的妹妹，母亲为了这个家整日操劳，但是赚的钱却难以维持家庭生计。看着母亲日渐憔悴的样子，亨利决定帮妈妈赚钱养家，因为他已经长大了，应该为这个家贡献自己的力量了。

一天，他帮助一位先生找到了丢失的笔记本，那位先生为了答谢他，给了他1美元。亨利用这1美元买了3把鞋刷和1盒鞋油，还自己动手做了个木头箱子。带着这些工具，他来到了街上，每当他看见皮鞋上全是灰尘的路人的时候，就对那位先生说："先生，我想您的鞋需要擦油了，让我来为您效劳吧？"

他对所有的人都是那样有礼貌，语气是那么真诚，以至于每一个听他说话的人都愿意让这样一个懂礼貌的孩子为自己的鞋擦油。他们实在不愿意让一个可怜的孩子感到失望，他们知道这个孩子肯定是一个懂事的孩子，面对这么懂事的孩子，怎么忍心拒绝呢！

就这样，第一天他就带回家50美分，他用这些钱买了一些食品。他知道，从此以后每一个人都不再挨饿了，母亲也不用像以前那样操劳了，这是他能办到的。

当母亲看到他背着擦鞋箱，带回来食品的时候，她流下了高兴的泪水。"你真的长大了，亨利。我不能赚足够的钱让你们过得更好，但是我现在相信我们将来可以过得更好。"妈妈说。

就这样，亨利白天工作，晚上去学校上课。他赚的钱不仅为自己交了学费，还足够维持母亲和小妹妹的生活了。

劳动能塑造一个人的品格。通过每一天认真、努力、踏实地工作，逐步完善自己独立、诚实、优秀的人格。这样的事例无论是古代还是现代，无论是东方还是西方，都多得不胜枚举。翻开伟人们的传记，随处可见这样的事例。

有一个未开化的部落村庄，在遥远的南太平洋的一个岛上。"劳动是美德"是那里的人们普遍认同的一个观点。基于这个朴素的共识，在他们的生活中流露着一种纯朴自然的劳动观："美好的心灵能产生美好的工作"，"美丽心灵是认真劳动塑造出来的"。在这个村落里，烧荒农业是村民们的主要劳动内容，甘薯是他们的口粮。

在那个与世隔绝的地方，根本不存在现在社会中"工作是苦役"的消极观念。"工作可以得到的美的成果"和"人格的熏陶"，是当地所有村民们劳作追求的崇高目标。换句话就是说，要把工作做得尽善尽美，并以这种方式来磨砺自己的人格。

村民们互相评价各自土地的整修状况、作物的生长情况，还有泥土的气息。泥土气味芬芳好闻的被称赞为"丰登"，气味混浊难闻的则被贬低为"不毛"。

通过这样一种评估，最终被称为"人格高尚的人"是那些田地耕作得整齐细致的人。当然这些人会得到全村人的称赞和尊重。

换句话就是说，这个村子里的村民们是通过每个人的劳动成果：田地耕种得是否整齐，作物的长势是否良好，来评判一个人的人格优劣。那些在田间工作努力出色、工作成果卓著的人，也就是具有高尚人格的人。

对这个村子的村民们来说，劳动不仅是获取生活食粮的手段，更为重要的是，田间劳动又是他们磨炼心志、砥砺人格的途径。"出色的工作只有出色的人才能够完成"，在原始社会中这样朴实却恳切的劳动观普遍存在。

而在给人类带来近代文明之光的西方社会里，"劳动乃是苦役"这个观点相当普及。

一些人认为劳动是一种让人厌恶、充满痛苦但又无法摆脱的无趣的事情。因而人们产生了近代的劳动观：应该尽可能缩短工作时间，并且尽可能增加工作报酬。

稻盛指出，日本本来并不存在这样的劳动观。而且，在还没有进入现代社会的日本，人们无论从事哪种职业，总是从早到晚辛勤地工作，并以此为荣。他们认为，劳动能带来成就感、兴奋感、充实感、自豪感，并能让人明白生活的价值和意义，劳动是尊贵的行为，尽管劳动本身十分辛苦。

比如说，有很多心灵手巧的工匠，他们潜心提高技能，打造出令人愉悦的产品，他们的内心就会感到有一种说不出的喜悦和成就感。原因在于他们把劳动看作是实现自身价值、完善个人人格的道场。他们认为劳动是一种修行，这种修行既能锻炼技能又能磨炼心志，一举两得。可以这么说，曾经很多日本人都是以这种有深度的、正确的劳动观和人生观来指导自己的工作和生活。

但不幸的是，随着社会逐步发展，日本人的劳动观却发生了天翻地覆的变化。许多日本人把劳动单纯地看作一项苦役，甚至产生了厌烦劳动、厌恶工作的心理。其实，正如稻盛指出的那样，劳动不单单是为了获得维持生活的食粮，更是完善内心的一种途径。

工作是"包治百病的良方"

人的生命只有一次，生命的目标就是自我的完全展示，而工作正好提供了这样的舞台。当我们全力专注于一个方向，并真正为其付出心血，才能使我们最大限度地展现自己的才能。就像高山之流水，没有分支才会走得更远。工作也是一样，我们要试着去迷恋工作，热爱工作。当我们专心致志地工作，就会不经意地忘却身边的烦恼，忘记身上的苦痛，从这个角度来讲，工作也是包治百病的良方。

松下幸之助认为工作是快乐之源，"在工作中我经常提醒自己，每件工作都蕴含着独特的美感，如简约之美、和谐之美、速度之美等，而我的任务仅仅是把美感发掘出来而已；别忘了，美的事物永远让人感到舒畅快乐。"

【人生悟语】

工作是增添生命味道的食盐，工作是奠定幸福的基础。要想在工作中取得好成绩，首先要热爱自己的工作。当你迷恋工作的时候，工作才能给予你最大的恩惠，让你取得最大的收获。

当然不是每个人都能像松下幸之助那样从事自己喜爱的工作，稻盛和夫告诫年轻人，要想拥有一个充实的人生，你只有两种选择：一种是"从事自己喜欢的工作"，另一种则是"让自己喜欢上工作"。一个人能够从事自己喜欢的工作的概率，恐怕不足"千分之一"。而且，即使进了自己所期望的公司，也很少有机会从事自己喜欢的职业。这就要求我们这些初出茅庐的年轻人，从"自己不喜欢的工作"开始干起。

那些热爱他们各自技艺的人都在工作中忙得精疲力尽，尽管他们可能没有时间洗浴，没有充足的食物；但他们对自己的技艺就像杂耍艺人尊重杂耍技艺、舞蹈家尊重舞蹈技艺、聚财者尊重他的金钱。这些人，当他们对一件事怀有一种强烈的爱好时，宁肯不吃不睡也要尽全力完善他们所从事的技艺。

比尔·盖茨考入哈佛大学之后，由于对计算机的热爱，他选择了退学，进入计算机行业。这种热爱和全身心的投入使他一跃成了世界巨富。即使钱财无数，比尔·盖茨最感兴趣的也是他的事业，他每周的工作时间为60~80个小时，他的生活极其忙碌，三天不睡觉对他来说如同家常便饭。据一位朋友说，他通常36个小时不睡觉，然后倒头睡上十来个小时，以至于微软公司里的一名资深女职员在私底下抱怨说："当你看到盖茨时，总忍不住感到疑惑，昨晚他睡在哪里？办公室？"你总想走上前去问他："嗨，盖茨，我不知你是否每天淋浴，如果是，为啥不顺便洗洗头？"正是在比尔·盖茨的强烈感召下，忙碌工作成了微软的作风。一名程序员说："你身处这样一个环境，周围的人都是这样刻苦，连掌管这个公司的人也是如此，那么你也不得不如此。"在最繁忙的阶段，甚至有人把睡袋放进工作室，整整一个月足不出户。当然这种忙碌也是有回报的，在微软公司，已有200多名员工成了百万富翁。

生活就像一面镜子，你对它笑，它也朝你笑；你对它哭，它也朝你哭。当我们不喜欢工作，抱着勉强接受，不得不干的消极态度时，你就会经常牢骚满腹，那么很多潜力也挖掘不出来，原本前程似锦的人生也无法实现了。

在稻盛和夫看来，无论如何我们都必须喜欢上自己的工作。当我们把"被分配的工作"当成自己的天职，当成自己的意愿时，就不会再把困难当苦难，相反，我们自然而然地就会获得无尽的动力去埋头苦干，做出成果。而一旦有了成果，就会获得大家的赏识和好评，这样你就会更加喜欢工作了。如此反复，良性循环就开始了。

20岁那年的亨利·福特积极投入体育锻炼，擅长滑冰滑雪，还热衷于高尔夫球、网球、羽毛球、篮球和排球。他几乎每天都坚持跑步。还着手建立了一家网球场建设公司，在大家看来，亨利过着健康而又快乐的生活。

可是命运无常，就在亨利离结婚之日还有五周的一个晚上，他在去犹他州的路上发生了车祸，当他被救护车送到医院的时候，医生说他的腿脚、腹肌、腰肌、胳膊和手都严重受损，以后不能再工作了，而且余生还要完全依靠他人喂食、穿衣和行走。这意味着亨利·福特再也无法参加任何种类的竞技和体育活动了。这无异于给他的人生宣判了死刑。

躺在拉斯维加斯医院的病床上，亨利既担心又害怕，他为自己的前途和生活感到迷茫。这时他的母亲对他说道："艾特，当困苦姗姗而来之时，超越它们会更余味悠长，相信明天会好起来的。"

对运动事业无比热爱的亨利，一直铭记着母亲的话语，他不轻信周围人包括医学专家的丧气之辞。他开始试着去做一切他想做的事情，他是第一个参加滑翔跳伞的四肢瘫痪者。他还学着滑雪，更难以置信的是，他甚至参加了10公里轮椅竞赛和马拉松。

1993年7月10日，亨利用了7天时间跑完了从犹他州的盐湖城到圣乔治城之间32英里的路程。此举在世界瘫痪病人中当属首次。

现在的亨利拥有了一家公司，是一名专业评论员，还写了一本书——《奇迹如此发生》。

在旁人看来，四肢瘫痪的人是无法完成各项竞技比赛的，如同大家觉得艰苦的工作常人无法忍受一样，但其实不然，亨利用自己的行动告诉我们，如果你真的迷恋这个工作、热爱这个工作，那你就能够承受工作中的一切磨砺。经过的道路是艰苦而又坎坷不平的。可是，无论如何，那是一条美好的道路。即使在那条路上，一步一个血迹，也是值得的。

稻盛和夫认为，工作是增添生命味道的食盐，工作是奠定幸福的基础。要想在工作中取得好成绩，首先要热爱自己的工作。当你迷恋工作的时候，工作才能给予你最大的恩惠，让你获得丰硕的果实。

我们劳苦的最高报酬，不在于我们所获得的，而在于我们会因此成为什么。洛克菲勒说过，如果你视工作为一种乐趣，人生就是天堂；如果你视工作为一种义务，人生就是地狱。所以当我们赋予工作意义，不论工作大小，你都会感到快乐，自我设定的成绩不论高低，都会使人对工作产生乐趣。如果你不喜欢做的话，任何简单的事都会变得困难、无趣。

精进轨迹：成事者，都掌握了"完美主义"

完美主义不是更好，而是至高无上

"完美主义"是稻盛和夫在工作中一直追求的目标，他所考虑的"完美主义"不是"更好"，而是"至高无上"。生产一个产品，哪怕付出99%的努力也是不够的。一点瑕疵，一点疏漏，一点粗心都不能原谅，只有做足100%才堪称"完美"。在工作中不断追求的是做到精致、精湛、精益求精，力求最高质量，把产品做成无可挑剔的完美作品，把工作做到极致，挑战极限，这才是工作的终极目标。

【人生悟语】

以完美主义的标准去要求每天的工作，听起来可能很苛刻，也很困难。但是与生命相比起来呢？你做到像对待仅有一次的生命那样严肃谨慎地去对待你的工作了吗？还是将至高无上的完美主义进行到底吧。

稻盛和夫的一位叔叔当过海军航空队的飞机维修员，他从战场归来后曾对稻盛讲起过他在航空队的经历，给稻盛留下了很深刻的印象。

每当飞机起飞的时候，维修员都要随机飞行，但几乎他们中的所有人都不乘坐自己维修过的飞机。他们似乎不约而同地选择乘坐别的同事维修的飞机，这里面有什么玄机吗？

原来，虽然维修员在维修保养机器时竭尽全力工作，但却不敢保证自己做得万无一失，于是他们都乘上同事负责的飞机。

正因为对自己的工作缺乏充分的信心，又考虑到万一出现紧急情况，所以维修员们做出了这样的选择。还有很多类似的事情。许多医生自己的父母妻儿，或是亲戚身患重病，他们大都不愿亲自诊断医治。亲人们需要进行手术时更是如此，这些医生往往委托自己信任的同事主刀。这样做的缘由是，在血浓于水的亲情面前，关系到亲人的安危，自己会不忍心下手。

稻盛和夫并不赞同这种观点，他认为每一天的工作都是真抓实干出来的，拥有这样的积累，基于他对自己的技术有满满的自信。如果换了他做飞机维修员，他必定会选择乘坐自己负责的飞机；如果换了他做外科医生，当亲人需要救治时，他不会请人代劳，必定会亲手主刀。只有觉得自己的工作做得完美无缺，能给自己的能力打满分时，才能有正视问题的决心和魄力。

有人说，这个社会不缺少雄韬伟略的战略家，缺少的是精益求精的执行者。这话也许说得没错，"差不多"思想总是引诱我们放弃对完美的追求。但是有一家企业却是在质量上精益求精、苛求完美的典范，它就是荣事达公司。

"零缺陷管理"是荣事达借鉴国外企业"无缺点运动"经验并结合本企业实际加以独特的再创造的成果，而"无缺点运动"最早发端于美国佛罗里达州的马丁·马里塔公司。1962年，该公司与美国军事部门签订了一项生产供货合同，合同规定的交货期限很紧，对质量要求很严。可是军令如山，不容耽搁，马丁公司为形势所迫，打破常规，开展了一场"无缺点运动"，这一运动包括：

1. 打破传统的"人总要犯错误"理念，改换成"只要主观尽最大努力，就可以不犯错误"的理念，以此动员全体员工追求无缺点目标，自觉避免工作中的失误。

2. 打破以往的生产与质检的分离格局，要求每个操作者同时也是质检者，规定上道工序不得向下道工序传送有缺陷的产品。

3. 打破过去对错误只有事后发现和补救的常规，讲求超前防患，事先找出可能产生缺点的各种原因和条件，提前采取措施，做到防患于未然。

4. 打破生产过程中各工序的员工各自为战、各行其是的习惯状态，要求树立全局观念，主动配合、密切合作，从总体上保证实现无缺点结果。马丁公司实行"无缺点运动"果然一举成功，合同期限一到便交付出无可挑剔的百分之百合格的产品。

荣事达吸收其中的精华，形成了自己的"零缺陷"生产模式，将"用户是上帝""下一道工序是用户""换位思考""100%合格"等质量意识转变为员工的自觉行动。与此相关的一系列制度纷纷出台，从而实现分散与集中、全员自控与专门控制、内在质量控制与系统信息反馈相结合的"零缺陷"生产质量管理体系。零缺陷供应是零缺陷生产的前提和保证，通过严把质量关，确保提供"零缺陷"的零配件或可辅助件。

从此，荣事达建立了"零缺陷"的企业文化，企业实力进入了新的境界。

精益求精是对结果最好的诠释。一位企业经营者说过: "如今的消费者是拿着'显微镜'来审视每一件产品和提供产品的企业。在残酷的市场竞争中,能够获得较宽松的生存空间的企业,不只是'合格'的企业,也不只是'优秀'的企业,而是'非常优秀'的企业。你要求自己的标准,必须远远高于市场对你的要求标准,才可能被市场认可。"

美国前总统麦金莱在得州的一所学校演讲时,对学生们说: "比其他事情更重要的是,你们需要尽最大努力把一件事情做得尽可能完美。"只有不满足于平庸,才能追求最好。没有人可以做到完美无缺,但是,当你不断增强自己的力量、不断提升自己的时候,你对自己的要求会越来越高,你所取得的成就也会越来越大。

企业只有像荣事达这样,把对质量孜孜不倦的追求上升到企业文化的高度,员工对质量的觉悟才会大大提高。

企业要提高工作标准,把产品的完美品质视同自己的生命一样珍惜! 其实企业应该把完美主义奉行到像生命一样至高无上的地位。以完美主义的标准去要求每天的工作,听起来可能很苛刻,也很困难。但是与生命相比起来呢? 你做到像对待仅有一次的生命那样严肃谨慎地去对待你的工作了吗? 还是将至高无上的完美主义进行到底吧。

成败往往取决于"最后1%的努力"

稻盛和夫从年轻时就把"完美主义"作为人生信条。一方面和他与生俱来的性格有关；另一方面，也是他后天在从事产品制造业的过程中学来的。

制作新型陶瓷需要按比例将氧化铝、氧化硅、氧化铁、氧化镁等原料的粉末混合后，放在模具中通过加压成型，再在高温炉中烧结，还要对出炉的半成品进行研磨，对表面进行进一步的金属加工处理。

【人生悟语】

在产品制造的过程中，即使99％都进行得很顺利，但只要最后的1％因为一点点疏忽而而出现问题，这就意味着前面所有的努力前功尽弃。

制造一个产品，需要多道生产工序，运用多种生产技术，每道工序都需要相当精密细致的技术。合格的产品需要每个员工在操作时都必须全神贯注，哪怕一个很小的错误，也可能导致前功尽弃，造成产品的致命伤。

所以说一个合格的产品中必然凝结着100％的努力和细致，99％也是不够的。一点小问题都不能出现。任何时候都要求100％的"完美"。

若少了最后1％的努力，就会产生不合格品，不光材料费、加工费、电费等，而且前面各道工序所耗费的时间、投入的精力、消耗的人力，所有的一切也会因这一点点不完善而全部泡汤。在生产过程中只要有一道工序出现了微小的瑕疵，之前的全部努力都将化为泡影。同时，还会面临着损失客户的危险。少了那1％的努力，前面99％的汗水都将付之东流，统统归零，正可谓行百里者半九十。

京瓷按照客户订单加工生产各种电子工业陶瓷零件。京瓷的销售员都是从电器厂家处获得订单，订单上明确标注有对作为机器重要配件的新型陶瓷的规格要求和交货日期。

京瓷提供的配件交货日期是根据客户机器装配的日程安排决定的，预定的交货期必须严格遵守。在生产过程中发生的一点小差错，将会直接导致承诺的交货期无法兑现。违约意味着损害公司的信誉。如果在临近交货期，因某个环节的差错产生了不合格品，延误了生产周期导致不能按时交货，那就只有通过延期来解决。

销售员需要立刻向客户解释，低声下气地恳求再宽限一段时间。这时没有及时得到产品的客户肯定会不满意并表达不满："我们这么信任你们，把这么重要的配件生产委托给你们，没想到竟会连累我们整个生产线停产。""言而无信，再也不想和你们这样的公司做生意了！"作为销售员只能接受。

把握一件事的成败就是要将每一个环节做透做细做到位。否则，任何一件事都可能因为一点疏漏而成败笔。

完成一件工作无异于完成一件艺术品，某个环节的差错会导致整体的不完美，严重的甚至会使整件艺术品轰然垮塌。如果说100%是完美的代名词的话，那么最后的那1%便承载着之前99%的努力，二者合一才能达到100%的完美。

1%是完美的一部分，没有这一点，完美便不成其为完美。把每一件事"做细做透做到位"对一个企业有着积极的意义。如果每个员工都能够信守这一信条，拥有完美主义的职业习惯，那么这样的企业一定会拥有很强的竞争力。

不是向"最佳"看齐，而是向"完美"追求

对任何企业来说，产品的质量都是极为重要的。因为它不仅关系到企业的声誉，而且直接影响到企业的经济效益，关系到企业日后的发展。因此说追求完美的工作质量是企业的生命，是企业的命脉。稻盛和夫把追求完美作为企业的信

【人生悟语】

京瓷的目标不是向"最佳"看齐，而是向"完美"追求。"完美"同"最佳"不同，不是同别人比较起来最好，而是带有很强的绝对性的，说明它自身就具备可靠的价值。

条，切实地执行，甚至对其他的优秀企业产生了深远的影响。

法国休兰伯尔公司在石油开采领域拥有高超的技术——能利用电波测定地层状况，确定接近石油层的合适位置，是一个非常优秀的企业。京瓷公司在创业大约20周年的时候，这家公司的董事长詹恩·里夫先生来日本访问。

里夫董事长是一个很出色的人物。他出身于法国的贵族名门，是当时法国社会党实力政治家的朋友，还曾成为法国政府内阁候选人。

里夫在访日期间到京瓷拜访稻盛，想与他谈论经营哲学。

京瓷与休兰伯尔公司不属于一个领域，因此当时的稻盛还不太了解休兰伯尔。他在公司和里夫董事长见面之后，在聊天中发现里夫先生果然不同凡响：他拥有出色的经营哲学理念，将公司办成世界屈指可数的国际型大公司确实名副其实。

虽然他们第一次见面，却很谈得来。后来，稻盛应邀在美国与他再度会面，促膝长谈直到夜深。

里夫董事长在谈到休兰伯尔公司的信条时说，就是努力把工作做到最佳。

他的这句话又引出稻盛下面的一席话："最佳"这个词，意思是同别人比较，是最好的。但这只是相对而言的，因此在水平较低的队伍里也存在着他们的"最佳"。京瓷的目标不是向"最佳"看齐，而是向"完美"追求。"完美"同"最佳"不同，不是同别人比较起来最好，而是带有很强的绝对性的，说明它自身就具备可靠的价值。因为世上没有什么东西能超越"完美"。那天晚上，稻盛就自己的"完美"主张，与里夫董事长的"最佳"信条的讨论持续到深夜。最后，里夫董事长同意了稻盛的观点，并表示以后休兰伯尔公司不再把最佳奉为信条，而是把推崇完美主义作为信条。

追求完美是不放过任何细节，向精益求精的努力。其实，稻盛和夫追求完美的信条可以延伸到任何领域，可谓是一个成功的指示牌。

如果一个企业对产品质量的要求非常严格，重视每一个细节的完美，不允许产品的任何一个细节存在差错。一旦发现某个环节存在缺陷，宁可牺牲产品，也不会放宽对细节的完美追求。这样的企业一定能从优秀走向卓越。

奔驰汽车已经成为高质量、高档次、高地位的象征，是名副其实的名牌。它的品牌号召力在于它向完美追求的高品质。

该公司的一位负责人说：为了杜绝质量问题，奔驰公司对于外厂加工的零部件，只要一箱里有一个不合格，那么这箱零部件将被全部退回。这种"宁可错杀一千，也不放走一个"的近乎苛刻的管理模式，最大限度地保障了产品的质量。

产品设计对于产品质量来说很重要，这就需要在产品开发的前期进行大量的市场调研，充分了解并掌握潜在客户对产品的需求信息和细节，以便在产品开发设计过程中保持系统的有效性。奔驰汽车的设计闻名世界，因为他们把汽车设计的每个细节都切切实实地落实在生产过程中，才能使产品质量趋于完美。虽然许多公司在产品的设计过程中也都很精心，但最终生产出来的同类产品，质量却与奔驰相差甚远。

奔驰公司也是秉承追求完美这一理念。奔驰生产的发动机要历经42道关卡的考验。有许多像焊接、安装发动机等比较单纯的机械劳动都采用机器人，这在一定程度上就避免了很多制造细节可能出现的问题。产品在生产组装阶段有专人负责检查，在出厂前由技师对所有的环节综合考证，检验合格后才能签字放行。最后哪怕是汽车表面的油漆有轻微划痕，都必须返工；哪怕对于一颗小螺钉，在组装上车前，也必须经过严格检查。

无论是京瓷，还是奔驰公司，这些事例无一例外地昭示着，正是以追求完美为信条才能使企业拥有细心和细致，才能生产出完美的产品，才有了产品的独到之处，才能使企业的可持续发展成为可能。稻盛对于完美的追求的信条得到了一次又一次的成功验证，他所推崇的完美是非常值得借鉴学习的，所有的企业都应向完美主义致敬。

出色的工作产生于"完美主义"

细心留意一下身边，不难发现，那些能做成事业的人，都是倾向于完美主义，并用心贯彻始终的人。所有的行业、所有的职位无一例外地适用这条规则。

稻盛回忆在京瓷还是小企业的时候，自己在会计方面遇到不理解的地方，就这些情况向财务部长提

【人生悟语】

工作中很多事出了错是用橡皮擦不掉的，这种错误会造成更深远的影响。而且，人一旦抱着"错了改一下就好了"这种想法做事，难免会放松思想上的警惕，小失误频频，会导致大失误不断，这是很危险的。

出疑问。稻盛提的都是"财务报表怎么读""复式簿记该怎么处理"等这样的问题，这让财务部长大为头疼。年长的财务部长对于这么多形形色色的问题表现得极为不悦，尤其这些问题是由一个连会计的"会"字都不认识的人提出的。虽然那时的稻盛年轻，却是这位财务部长的上司，他也不好太敷衍了事。他心里虽不满稻盛不懂常识尽提些幼稚的问题，却只能勉强应答。

终于有一次，这位部长说出的数字因为没有依据，以致在稻盛的连连追问下显得非常窘迫，无言以对。最初他不把外行的稻盛放在眼里，但经过稻盛的再三追问，结果证明他的数字是错误的。

他只得小心地连声说"对不起"，立即拿橡皮把错误的数字擦去。

稻盛和夫对于这种做法难以忍受，当时就大发雷霆，严厉地批评了他。

文字、数字错了，即使只是一个小错误，也有可能给工作造成

致命后果。这位财务部长对于这一点毫无意识。如果这种错误不是发生在财务报表中，而是发生在新型陶瓷的制造过程中，造成的严重损失将无以计量，甚至无法挽回。

也许有很多当会计的人，为了便于修改，常常会先用铅笔写，发现出了错误就用橡皮擦掉再重写，觉得这没什么大不了的。正因为抱着这种态度做事，所以经常会因小失大。

李文明生前是江苏省宿迁市的一名检察官。同事眼中的他是个不折不扣的"工作狂"。曾和他共事十年的宿迁市反贪局局长张伟平说，李文明就是一个完美主义者，他在工作上事事追求完美，还乐此不疲。自1987年从部队转业，始终在办案一线，办案数量年年位居全院第一。不论是在刑检、起诉还是在反贪的岗位上，没有出现一起超期、退查和漏错案件。即使是在病床上，他还在看案件的初审报告。在工作中追求完美主义已经渗入他的血液中。

完美是一种境界，做到完美才能超越自我，卓尔不群。在这个丰富多彩的世界上，不在平凡岗位的人，寥寥无几。但在平凡的工作岗位上，取得优异成绩的人又很多，这就是超越平庸，追求完美的力量。只要我们时刻牢记超越，不断追求完美，一定能够成就自己职业生涯的辉煌。

无论何时何地，"错了改一下就好"的想法千万要不得。平时就要用心做事，不允许自己发生任何差错。秉承着这种"完美主义"的精神才能提高工作质量，同时提升人自身的素质。

第四章

经营哲学：企业的经营，亦即人心的经营

确立组织体制：建立基盘，寻找合理经营的方法

明确业绩考核目标与责任

"没有衡量，就没有管理"已经成为管理的经典名言。明确业绩考核目标与责任的管理方式成为提升企业竞争力的有效战略工具，现在越来越多的企业在引进明确业绩考核目标与责任的管理理论和方法。但在现实运用中，由于对业绩考核目的的不明确，考核的方式和效果总是无法令人满意。考核时往往产生员工不满意、部门经理不满意、高层不满意的"三不满意"现象。同时部门之间关系复杂，组织僵化，甚至矛盾重重，存在相互指责和推卸责任等现象。

内部人员的工作也缺少主动性和积极性，缺少认真负责的精神，效率低下。这样领导不仅要对部门的发展合理地规划，还要忙于协调各种矛盾，造成领导者自己无暇对员工的工作进行正确的

【人生悟语】

在企业或是组织，明确业绩考核目标和责任是至关重要的，应用得当，会促进目标的达成。

引导、监督与考核，员工在工作中常出现错误。而问题出现后又不能得到有效解决，难以确定责任人等。要解决这些问题就得找成功者的经验。麦氏饭店为我们解决这样的问题做出了一个好的参照方法。

麦氏饭店是美国一家以经营牛肉饼为主的快餐公司，他们把员工分为一线人员、实习助理、二级助理、一级助理、参观经理、巡视员、大区顾问、总部经理八个层次，以保证每件事情都有人负责。

不用说，一线人员负责的是各个工种的操作，采购、配料、烹制、收银等。在其岗位上出现了漏洞，就要主动负起责任。

实习助理通常由刚进公司的有学历的年轻人担当。在半年的实习期内，他们要到公司各个基层岗位工作，如采购、配料、收款等。他们必须保证一线岗位的清洁和周到服务，有任何问题将直接由他们负责。

二级助理要承担的是一部分管理工作，如订货、计划、排班、统计等环节。在这个范围内，所有事务也直接由他们负责。一级助理肩负更多、更重要的责任，他们每个人都必须在餐厅中独当一面。出现任何决策上的失误，他们将负直接责任。

参观经理首先要在公司总部接受全面、系统的为期20天的培训，然后将全面负责某一家餐厅的所有事务。从经理晋升为巡视员后，将负责同一城市5~6家餐厅之间的协调沟通以及上级信息的传达和决策的执行。

大区顾问是公司派驻某一地区下属15家左右餐厅的代表。作为公司15家左右餐厅的顾问，他的责任更重大，其主要职责是保持总部与各个餐馆之间信息交流畅通。同时，地区顾问还肩负着诸如组织培训、提供建议、制订企业标准之类的重要使命，成为总公司在这一地区的全权代表。总部经理的职责不用过多介绍，他自然是负责集团总部的各项决策的制定和修改，把握整个连锁经营的方向。如若出现决策失误，那么他也将负最大责任。

麦氏饭店的这种责任管理体制锁定了每个人员的责任，保证了良好的工作效果。在麦氏饭店，多数员工表现十分出色，这家公司一直在美国享有美誉。

稻盛和夫曾经说过，在企业或是组织，明确业绩考核目标和责任是至关重要的，应用得当，会促进目标的达成。反之，则会产生负面影响，使企业或是组织原本和谐、稳定的氛围受到破坏，制约企业发展。在京瓷的发展中，通过长期执行明确业绩考核目标和责任的制度，业绩考核应该以目标为导向，强调对员工行为的牵引，通过对绩效目标的牵引和拉动以促使员工实现绩效目标。绩效考核的责任主体是部门的负责人，需要部门主管和员工的共同参与，强调沟通和绩效辅导。绩效考核，实质强调的是过程，是对绩效全过程的管理。一个对设定目标及如何去实现目标达成共识的过程；一种通过对人的管理去提高成功概率的方法。这里的关键是设定目标、达成共识、通过对人的管理来提高业绩。

在某公司的季度绩效考核会议上，几个主要的部门主管都在推卸自己的责任。营销部门经理认为最近公司整体效益不高，不是因为销售做得不好，而是竞争对手短时期内推出了许多新产品，自己无法与对方竞争，只要公司有好的产品，自己的任务就一定能完成。

在听完营销部门的发言后，研发经理说道：不是我们不研发新产品，主要是经费被财务部门削减了，自己是有心无力。所以这个责任应该在财务部门。财务经理并不认同这个说法，他认为，削减研发经费是公司为了节省成本，公司的成本一直在上升，成本必须要得到控制。

采购经理这时说道：公司的采购成本上升了10%，这是因为A国的一个生产铬的矿山爆炸了，导致不锈钢的价格上升。采购经理的话音刚落，其他三个经理就异口同声说道：原来是这样，这么说大家都没责任。人力资源经理皱着眉头无奈地说：这样说来，我只能去考核A国的矿山了。

在现今企业中往往存在像上述事例中的问题，要解决这样的问题，首先应该明确业绩考核的目的是改善绩效，而不是分清责任，出现问题的时候，大家的着力点应该放在如何改善问题而不是划清责任。

稻盛和夫曾经指出，遇到问题先界定责任后讨论改善策略是人们的惯性思维，当我们把精力放在如何有效划清责任上而不是如何改善上，那么，最后的结果都是归错于外，作为企业员工谁都没有责任，最后客户被晾在了一边，当责任划分清楚了，客户的耐心也已经丧失殆尽了。于是，客户满意度和客户忠诚度也无从谈起，最后企业财务目标也无法实现，股东价值何在。一旦发现部属绩效低下，双方应同时查找原因。是组织因素还是个人因素，是目标制定不合理，还是人员能力、态度有问题，一旦查出原因，双方就需要齐心协力解决。

如果是客观原因造成员工绩效下降，主管要协调各方面的关系和资源去排除障碍。通过诊断辅导，要让员工认识到主管就在他的身边，在他前进的过程中会随时得到主管的帮助。这样他就不会抱怨面谈无用。在诊断辅导过程中，做到对事不对人，只能说部属工作中存在的问题，不能涉及人格问题。最好不要拿他和其他员工做比较，而是与他自身相比。当员工存在某种错误或不恰当的行为时，主管应避免用评价性标签，如"没能力""真差劲"等，而应当客观陈述事实和自己的感受。

明确业绩考核目标与责任，有种种好处。它有利于帮助其改进工作，提高工作技能。同时，为管理者提供了与下属进行深度沟通的机会，有助于管理者进行系统性的思考。考核也为薪酬、福利、晋升、培训等激励政策的实施提供了主要依据。建立严格科学的考核制度，能充分调动员工的积极性和能动性，也有利于在公司内部营造一种以业绩为导向的企业文化。

员工在公司工作，都希望自己的能力和付出能得到公司认可，并希望能得到相应的精神与物质上的回报。而公平合理的激励制度是员工这些愿望得以实现的基础。离开绩效谈管理只能成为一种形式，只能是传统的行政指令式管理。

坚守核心业务，贯彻从一而终

一个企业，有很多因素可以促其成功，有些因素带有偶然、幸运或者冒险的色彩。但企业成功后如何持续地保持并扩大成功，就需要坚守核心业务，贯彻从一而终。有一项调查发现，1983年初名列《财富》杂志世界500强排行榜的公司，有三分之一已经销声匿迹。这就是说，大型企业平均寿命不到40年，约为人类平均寿命的一半。

一般来说，企业能否持续地发展，一个很关键的因素是企业能否坚守核心业务，贯彻从一而终。稻盛和夫指出，所谓核心业务，是企业在长期经营中所形成的，独特的、动态的能力资源，支持着企业现在及未来在市场中保持可持续竞争优势的发展，美国明尼苏达矿业制造公司，它所倡导的创新力就是公司坚守的核心能力。这种核心能力是企业整合各种资源和各方面能力的结果。

美国明尼苏达矿业制造公司，也就是人们常说的3M公司，以其为员工提供创新的环境而著称。走进它总部的创新中心，最吸引人的是橱窗里陈列的各式3M产品。从医药用品、电子零件、电脑配件，到胶布、粘贴纸等日常用品，逾5万种的产品表明该公司在产品创新方面的强大优势。该公司起初是个名不见经传的小公司，依靠创新精神，成为令人尊敬的"创新之王"。3M公司视创新为其成长的方式，视新产品为其生命。公司的目标是：每年销售量的30%从前4年研制的产品中取得。每年，3M公司都要开发200多种新产品。3M公司的创新思维是：要创新就要创造一种环境，创新不是简单的投入，而是一种持续的过程。

这种思维使它们在各个层面都重视创新，从鼓励研究人员发展新构想的"15％规则"、设立资助创新计划的辅助金，到创造容忍失败的环境，3M无处不显示出对创新文化的重视。在3M，创新不局限于产品的研发，任何改进先前做法的行为都被视为创新。一个简单的例子是，一位刚刚进入公司不久的小姑娘，看到快递公司下单的同时，会给一个追踪号码，以此来追踪邮件到达的位置，她便建议将此用于3M产品到达供应商的位置追踪上，后来，这个建议被采用并广泛运用于物流追踪。在3M公司看来，这种移植也是一种创新。

3M任何一位员工都不用担心自己的研究没有价值，任何一个员工的新想法都会受到重视。如果你的上司不认同你的研究，那也没关系，你坚信自己的新构想终会开花结果，那么你可以利用15％的工作时间继续实验自己的构想，直到成功为止。3M许多产品的诞生就是得益于"15％规则"。

3M公司还营造了一种容忍失败的工作环境。不论你提出何种想法，都不会遭到其他人的嘲讽。3M认为不成功并不代表失败，对3M的员工而言，失败并不可怕，只要你不是毫无建树，只有毫无建树的员工才会遭到解聘。作为一个以知识创新为生存依托的公司，3M公司有强烈的创新意识和创新精神，其认为，知识型员工是实现公司价值的最大资源，是3M赖以达到目标的主要工具。因此，3M的管理人员相信，建立一种适应知识型员工的创新文化氛围非常重要。

随着市场竞争的日益激烈，如何使企业的指令能传达到企业组织的每一个神经末梢而不衰减，让企业永葆活力，愈来愈成为企业关注的焦点。稻盛和夫的经验告诉我们在日益激烈的市场竞争环境下，我们要做的是坚守核心业务，贯彻从一而终。核心业务是企业花了大量的心血，经过长时间的研究所得的，它有时候甚至可以代表企业。我们通过手表定律可以看出坚守核心业务，贯彻从一而终的力量。

手表定律是指一个人有一只表时，可以知道现在是几点钟，当他同时拥有两只表时却无法确定。两只表并不能告诉一个人更准确的时间，反而会让看表的人失去对准确时间的信心。你要做的就是选择其中较信赖的一只，尽力校准它，并以此作为你的标准，听从它的指引行事。记住尼采的话："兄弟，如果你是幸运的，你只需有一种道德而不要贪多，这样，你过桥更容易些。"如果每个人都"选择你所爱，爱你所选择"，无论成败都可以心安理得。然而，困扰很多人的是，他们被"两只表"弄得身心交瘁，不知自己该信哪一个，还有人在环境、他人的压力下，违心选择了自己并不喜欢的道路，为此而郁郁终生，即使取得了受人瞩目的成就，也体会不到成功的快乐。

手表定律在企业经营管理方面给我们一种非常直观的启发，就是对同一个组织的管理不能同时采用两种不同的方法或是一个时期在企业内不能同时设置两个不同的目标。否则将使这个企业或这个人无所适从。一个企业要想获得长远的发展就得坚守核心业务，贯彻从一而终。

优秀的企业在经营战略和领域的选择上，大多数都首先确定自己的核心主营业务，只投资在一个行业，并在这个行业里逐步培养自身的核心竞争力，以此为基础再逐步考虑多元化经营。

在企业管理软件市场，SAP（英文 Systems Applications and Products in Data Processing的简称）曾是一家呼风唤雨的公司，但是随着市场竞争的激烈，尤其是同类公司的不断出现，SAP的市场拓展难度越来越大，对这个软件大鳄来说，这显然不是什么好消息。事实上，2009年，SAP公司的总营业额就比上年下滑了8%，而传统业务，软件许可证收入则下滑了近28%。

在如此艰难的情况下，如何能让公司走出困境呢？SAP找到了一条适合自己的道路，那就是坚守核心业务，决不放弃软件业务，尤其是商业软件业务。这就是该公司的底线。现在市场上虽然有很多软件公司，但是这些公司往往四面出击，将战线拉得很长，短时间内可能获益，但是长此以往，很难保证始终赢利。

SAP公司则始终抓住自己的特长，并努力巩固自在商业软件行业的领导地位，经过一年左右的调整，加上客户原有的认可，SAP公司很快摆脱了业绩下滑的困境。

企业的核心能力要得到市场承认，必须通过企业的产品反映出来。企业是一种或几种核心能力的组合，通过它企业虽然可以衍生出许多的业务单元，也可以跨越传统的市场界限和产品界限，但企业的核心能力最终仍需通过核心产品及其组合，也就是企业的核心业务表现出来。

稻盛和夫曾将企业比喻成一棵大树，在他看来，核心能力就是树干，核心业务便是果实。如果企业的核心业务能依托核心能力形成一种对内兼容、对外排他的技术壁垒，那么就能在纷繁复杂的市场中保持应有的竞争优势。

划分小团队，明确职能

一个企业之所以伟大，不只是因为它有悠久的历史，辉煌的业绩，知名的品牌。而更为宝贵的是，它有优秀的团队。比尔·盖茨曾说：即使失去现有的一切财产，只要留下这个团队，我能再造一个微软！杰克韦尔奇曾说：哪怕通用电器所有的工厂一夜化为灰烬，只要能有50名核心骨干，我能一年内再造一个通用。

【人生悟语】

划分小团体，明确职责，能加强员工的团结，引导员工进行自我激励；可以创造团队成员之间互相沟通、相互学习的环境，同时使小组的成员了解有关的新知识、新技术，给员工充分的知识激励。

在一个企业的建设中团队如此重要，要想使企业不断地发展，就得建设一个好的团队。但是当一个团队太庞大时，可以采取小团队的管理模式，将大团队划分为几个小团队，明确每个小团队的责任。

划分小团队时要注意，每个小团队的人数不能太多，否则团队成员之间彼此通信将占用大量的时间。划分好小团队之后，确定每个团队的责任，然后在团队内部明确分工，明确每个人的职责。可能刚开始的时候，团队成员会有挫折、愤怒或者对立的情绪。但是，在小团队逐渐接受了现有的工作环境，团队的凝聚力便会形成，同时成员之间开始相互信任，团队内成员通过大量地信息交流、观点交流和感情交流，合作意识增强，团队成员互相交换看法，并感觉到他们可以自由地、建设性地表达他们的情绪及意见。

稻盛和夫创立的阿米巴，就是划分小团队，明确职能的一个很好的经营方式。"阿米巴"是将企业分成一个个小组织，形成的最小基层组织，也就是最小的工作单位，一个部门、一条生产线、一个班组甚至到每个员工。每人都从属于自己的阿米巴小组，每个阿米巴小组平均由十二三人组成，根据工作内容分配的不同，有的小组有50人左右，而有的只有两三个人，然后再确认每个小组的职责。每个阿米巴都是一个独立的利润中心，就像一个中小企业那样活动，虽然需要经过上司的同意，但是经营计划、实绩管理、劳务管理等所有经营上的事情都由他们自行运作。每个阿米巴都集生产、会计、经营于一体，再加上各个阿米巴小组之间能够随意分拆与组合，这样就能让公司对市场的变化做出迅捷反应。

索尼公司是世界上著名的企业，其之所以能有今天的巨大成就，与其划分小团队，明确责任的管理方法是分不开的。在索尼公司，每一个员工在执行任务、完成每个项目的时候，都属于某个小团队，每个小团队都有明确的职责。

每个小团队就像是一个小家庭。在每个小团队里，每个员工都被视为家庭的一分子，每个员工都能够发表自己独特的观点，但同时又强调每个小家庭在整个企业这个大家庭里的互相配合与协调。公司的每一位员工由于受到了充分的尊重，才华得到充分的发挥。最后，公司得到了员工们同等的回报——积极工作并对公司忠诚，于是索尼公司获得了巨大的、可持续的事业成功。

成功的团队并非以压抑个性为代价，相反，成功的团队十分尊重成员的个性，重视成员的不同想法，真正使每一个成员参与到团队工作中，风险共担，利益共享，相互配合，完成团队工作目标。

稻盛和夫认为，划分小团体，明确职责，能加强员工的团结，引导员工进行自我激励；可以创造团队成员之间互相沟通、相互学习的环境，同时使小组的成员了解有关的新知识、新技术，给员工充分的知识激励。明确职责，可以使团队成员积极工作，实现每一个项目目标。如此就能提高整体的工作绩效，还可以培养团队成员的集体感和荣誉感，自信心。

在这种氛围下，团队的每一个成员能感觉到自己是整个企业目标不可缺少的一部分，就能使成员感觉到被高度授权，如果出现什么难题，大家会相互提携，相互帮助，共同解决问题。

掌握时间的精确管理方式

精确与精细这两个词现在与企业管理联系得越来越多了，细节决定成败、精细化管理等语句常见于报端，企业的管理也更强调细节。大家都在谈细节，但在"什么叫细节""怎么去做好细节"这两方面谈得却不多。有很多企业家不重

【人生悟语】

掌握时间的精确管理方式是企业得以长远发展的基础。精确比精细好，对企业管理精确比精细更重要。

视细节思维，不重视基础管理，结果导致企业破产。科利华就是一个典型的案例。

科利华，曾是一家在国内信息技术产业名噪一时的软件企业。但是2005年，却不得不将科利华网络大厦以7000多万元的价格拍卖。科利华的失败就在于企业家缺乏细节思维，忽视了基础管理。1991年，宋朝弟创建科利华电脑有限公司。同年该公司推出"CSC校长办公系统"，采取"买软件送硬件"的营销方式，迅速打开销售局面。1994年，"科利华电脑家庭教师"成功面市，第一个月就卖了2万多套软件。1998年，科利华通过以下两件事情，声名鹊起。一是科利华举办首届"CSC赴美夏令营"，选送18名中学生去美国考察，这在国内引起轰动。科利华通过这一事件，迅速积聚了人气，公司也一炮打响。另一件事是该公司斥资1亿元推广《学习的革命》一书，使之创造了图书行业100天发行量突破500万册的发行奇迹。

《学习的革命》的热销，使科利华走向辉煌。然而，也许是宋朝弟通过营销炒作尝到了甜头，在企业此后的经营管理中，科利华在基础管理方面的弊端逐渐显现出来。科利华野心勃勃，其目标是成为中国的微软，然而其管理、决策和运营模式却无法适应一个大企业的需求。所有的决策都由宋朝弟一人独断。据一位离开科利华的中层市场管理人员说："离开只是迟早的事情，因为我不能把一生都交给科利华。作为民营企业出身，科利华管理的基础还是相对薄弱的，管理的基本制度也不健全。"但科利华的领导者并没有意识到企业所存在的管理缺陷，而是忙于扩张，将企业的发展目标调整，结果偏离了企业所熟悉和擅长的教育软件这一领域，最终科利华衰败下来，直至走向破产。

科利华的衰败说明，一个企业不能仅仅依靠炒作和营销获得成功，而要依靠持久的细节管理。作为企业家，一旦忽略了企业的细节管理，忽视了建立一个稳定的组织框架的重要性，企业就会失去持续的发展动力。

稻盛和夫曾经说过，掌握时间的精确管理方式是企业得以长远发展的基础。精确比精细好，对企业管理精确比精细更重要，精细没有标准，领导说起来容易部下做起来无法掌握分寸，而精确就要求领导对每一项工作明确细到什么程度，最好还要有如何做到这样精细的举措，这样工作就有执行与检查的标准了。

"精确化管理"是金和软件总裁栾润峰在6年前提出的管理概念。这一概念从一开始的无人问津到现在的趋之若鹜，栾润峰可谓经历了一番人生的洗礼。据了解，目前已有包括中国电信、松下等知名企业在内的5000多家企业用精确管理思想体系来管理企业。"精确管理"也使金和软件一跃成为业界知名企业。

"精确管理"到底是怎样一种管理模式，能让那么多企业着迷？

栾润峰用了一句很形象的话形容"精确管理"的精髓:掌握到每一分钟，控制到每一分钱，并让企业在提高效率的同时使员工更快乐。

简单地说，精确管理，就是将计算机技术、网络技术、管理技术与中国传统文化融合起来，产生出一种行之有效的、技术化了的、可操作的、具体化了的管理模式，并能无限地复制，依此执行就能够逐步地、部分地解决企业管理中的问题与漏洞，最终做到掌握到每一分钱，控制到每一分钟。

如今，"精确管理"已被业界誉为有"魔力"的管理思想，并被媒体喻为"最有价值的本土管理思想"，受到众多企业家的推崇。

精确管理是从20世纪80年代开始创立的，创立之初研究点就在于何为管理，管理就是让人能够有更大的产出。很多领导把管理看作领导者想的事情让大家去执行，造成了一种虚假的繁荣，和善的氛围，但这并不是员工所需要的。

员工到底需要什么呢？这就要求管理回归原本，以人为本。在稻盛和夫看来，管理的最高境界是无为而治，如果自我管理也能把组织管好，就达到了最好的效果。精确管理实际上是用了无为而治这样的方法，使得一个组织中的主体——人，能够自我调节，从而最终实现组织的高效。所以精确管理精确在哪里呢？就是它对组织里人性的了解和精确。比如他有什么样的想法，他与组织的特点是否相匹配等，然后运用一些工具让员工自己使用并弥补其缺陷，这样员工也高兴领导也高兴，企业产生一种幸福感，大家就愿意在这里工作，这是精确管理的精髓。

无论企业采用哪种管理思想、管理方法都是企业未来发展的决定性因素，掌握精确管理方式，按精确管理方式管理企业，企业就能取得长远的发展。

对达到目标者不许以金钱，只给予荣誉

当前，奖励成了各种实施管理的一个普遍性手段。荣誉或是金钱作为奖励的两种形式，对授予者有不同的影响。稻盛和夫说，荣誉能满足人的尊重、成就、自我实现等高级水平的需要，是一种主导的、

【人生悟语】

给予工作成绩突出的员工荣誉称号，强调公司对其工作的认可，让员工知道自己是出类拔萃的，更能激发他们工作的热情。

持久的、内激励形式，其对人的整个行为有教育性、激励性、调节性和增力性的作用。现在不少企业都采用奖励激励作为管理方式之一。所谓奖励激励是指把奖励作为激励的一种手段，而且是一种重要手段，使用得当，能进一步调动人的积极性，激发人们自我完善的积极性。

稻盛和夫认为，给予工作成绩突出的员工荣誉称号，强调公司对其工作的认可，让员工知道自己是出类拔萃的，更能激发他们工作的热情。员工感觉自己在公司里是否被重视是工作态度和员工士气的关键因素。经理人在使用各种工作头衔时，要有创意。可以考虑让员工提出建议，让他们接受这些头衔并融入其中。从根本上讲，这是在成就一种荣誉感，荣誉产生积极的态度，而积极的态度则是成功的关键。比如，你可以在自己的团队设立诸如"创意天使""智慧大师""霹雳冲锋""完美佳人"等各种荣誉称号，每月、每季、每年都要评选一次，当选出合适人选后，要举行适当隆重的颁发荣誉的仪式，让所有团队人员为荣誉而欢呼。

在离职率较高的今天，很多企业为了吸引人才、留住人才，纷

纷设计了名目繁多的薪酬项目，如工资、奖金、各种津贴、各种福利项目，但仍不断有员工辞职，这是什么原因？举个例子来分析一下吧！

杭州的饮食行业很繁荣，由于服务人员紧缺，所以很多餐饮店的老板为争取员工，在招聘时的福利条件都开得很高，可还是留不住人。这其中却有一家店，总是没太多的人员流失。那是为什么呢？原来这家餐饮店的老板十分关心员工的生活，不仅提供免费住宿，普通员工生日都会为生日员工留一天生日假期，而且还会提前准备礼物给员工。春节时就关门让员工放假几天，没回家的员工，还组织他们吃饭并派发红包，让他们愉快地过节。员工切身感受到真情关怀，因而热爱自己的工作，忠诚于自己的老板。

这个例子说明的道理很简单：优厚薪酬只能用来留住员工，却不带有任何激励因素。

人的需求是多方面的，既有物质方面的需求，又有精神层面、心理层面的需求。除了应向员工提供合理的物质薪酬外，还应重视并满足员工的精神薪酬，如工作胜任感、成就感、责任感、尊重感、公平感、有影响力、个人成长、有价值的贡献等，只有这样，才能最大限度地激励员工，使员工在物质、精神需求得到全面满足的前提下，心甘情愿、心情愉快、全力以赴地工作。很多企业家往往不知道，或许是知道而不屑于做，有时公司给予的荣誉或是领导的一句赞美，都会令员工、下属激动很长一段时间，如此一来，又何愁没人为之赴汤蹈火，何愁企业不能发展壮大呢？

韩国某大型公司有一位清洁工，本来可能是一位被人忽视、被人看不起的角色，但就是这样一个人，却在一天晚上，在公司保险箱被窃时，与小偷进行了殊死搏斗。事后，有人为他请功并问他的动机时，他的答案却出人意料。他告诉大家，因为公司的总经理从他身旁经过时，总会不时地赞美他："你扫的地真干净。"就这么一句简简单单的话，使这位员工受到了感动，并在关键时刻挺身而出。

美国著名女企业家玛丽·凯曾说过："世界上有两件东西比金钱和性更为人们所需——荣誉与赞美。"能真诚赞美下属的领导，或是给予员工某种荣誉，能使员工们的心灵需求得到满足，并能激发他们潜在的才能。美国海军陆战队每个人身上都挂着两块牌子，前面一块写着：赞美我！后面一块写着：肯定我！美国海军陆战队激励士兵的做法是不断地向他们重复：你们是精英！你们是精英！你们是精英！所以，打动人最好的方式就是真诚的荣誉和善意的赞许。

所以，与其许以金钱，不如授予荣誉。荣誉是激励员工最快捷、最实用、最经济的办法。企业管理者通过授予荣誉能培养与提高员工的自信心和工作激情；保证工作质量，促进工作的顺利完成；树立经理人的个人威信；创造良好的企业文化等。

与意愿相适应：基于合伙人理念的企业经营

向下属下放权力，更要让他们担负责任

企业的工作目标是通过责任分解来实现的。作为企业领导者，首先要在统筹全局的前提下，做到科学合理地分解责任和及时使责任到岗到人。及时很重要，及时本身就是对责任人的重视和信任，也是一

【人生悟语】

要想让企业员工能够与经营者拥有相同的经营理念，先决条件就是必须要让员工们对企业的经营和业务拓展活动产生兴趣。

种效率，更是一种工作作风。作为企业领导时时都有责任论证和责任给予的机会，如接受新的任务、人事变动、突发事件的处理等。由于责任总是与权力相伴，赋予责任的过程，其实也是给予权力的过程。这个权力不仅是指领导权，更包括所有岗位的工作职责权限。一个善于分解责任的领导者，一定是乐于并善于将权力下放的领导者。

在这种领导的带领下，人人都有参与企业各种事务的机会，

员工的作为和地位成正比，如此必将激发出员工的工作热情和团队精神。对于那些看到了机会的人来说，一定会努力地争取机会，争取的过程，就是工作热情激发的过程。对于已经被赋予责任的人来说，承担责任本身就是一种压力和挑战。尤其是处在如此机会均等的竞争氛围里，担负责任的员工只有奋发向上，别无选择。要说明下属所应承担的责任和后果。如此会给下属以一定压力，使之产生担负责任的危机意识，从而努力提高自己的工作责任感。

稻盛和夫曾说，要想让企业员工能够与经营者拥有相同的经营理念，一个可行的方法就是把企业划分成不同的小组织，然后把这些小集体的经营放权给这些部门的员工。员工得到了授权，自然就会对相关的经营活动产生兴趣，当经营活动获得成果时，他们自然会体会到自身的价值和喜悦。

一家金融机构有个非常特别的规定，只要是中层雇员，为了营销，可以尽情地去花钱。在这项规定刚出台的时候，有人担心中层雇员会乱花钱，从而增加成本开支。然而事实上，员工并没有乱花钱，不仅维护了许多老客户，还拓展了新业务，使企业业绩年年攀升，成为业内的一面旗帜。

与这家金融机构有所不同的是，处于同一地区的另一家金融机构，把钱看得很严，生怕员工乱花钱，结果员工反而暗中想尽一切办法谋一己私利。

员工出去购买日常办公用品时，除了正常报销之外，公司还额外付给一些辛苦费，这个举措杜绝了员工弄虚作假的心思。在这个案例中，我们可以体会到相互信任对组织中每个成员的影响，尤其会增加雇员对组织的情感认可。而从情感上相互信任，是一个组织最坚实的合作基础，能给雇员一种安全感，雇员才可能真正认同公司，对公司有归属感，并以之作为个人发展的舞台。向下属下放权力，更要让他们担负责任。

"责任"一词在组织设计的概念中，与"职权"是紧密结合、密不可分的。也就是说一个人得到某种权力的同时，他也要承担相应的"责任"。每一个管理职位都具有某种特定的、内在的权力，任职者可以从该职位的等级或头衔中获得这种权力。

在电影《蜘蛛侠》中，男主角有一句让人印象深刻的台词，那就是："能力越大，责任也就越大。"在影片中，他有超乎常人的能力，可以依靠此能力去惩恶扬善和救助其他生命。也正因为蜘蛛侠拥有"超凡的能力"，所以他有义务、有责任、有能力去帮助这个社会，去帮助弱者；他拥有高于常人的能力，所以社会对他的要求也高于世人。

稻盛和夫曾在一次演讲中指出，赋予责任和说清责任如果能对下属产生较高的激励作用的话，企业经理在交代责任的过程中善于运用语言的艺术性，适当地激励员工提升责任感，则会取得难以预料的鼓励效果，这也是衡量企业经理是否善用责任激励的重要标志。

从理性角度分析提升责任感，即深刻阐述该下属所负之责对组织全局的影响，对组织发展的作用和意义。如此会让下属产生被信任和被器重感。信任是对人的价值的一种肯定。信任也是一种奖赏。下属在受到信任后，便会产生荣誉感，激发责任感，增强事业心，从而激发出更大的积极性。让企业员工参与决策的过程，而非被动地接受命令。

一方面可以使他们更关注企业的整体价值，而非仅从自身专业角度考虑；另一方面能够使他们得到尊重，加强他们对完成任务的使命感，凝聚组织和团队的向心力。通过管理者与员工之间的双向沟通，可以增进理解和尊重，更合理地服务于员工而不是为了控制员工，才能让下属主动发挥其积极性与创造性，真正树立起强烈的主人翁意识和责任感，忠于职业也忠于企业。

用人之长，避人之短

古往今来，都在诉说着一个故事，也就是用人的故事。大到朝代兴衰，小到个人荣辱；从纣王的烽火，到诸葛的茅屋；从走马换将，到农耕水利；无限的时间，无边的空间，始终在上演着一场用人的历史剧。在企业经营过程中，是否善于用人也决定了一个企业能否持久、长远发展。

【人生悟语】

作为一个领导，要懂得如何识人，识人才会有人；要会用人，用人之长，避人之短。

人才是企业的一种战略性资源，与其他资源不同的是，人才的得与失往往决定着企业的成败。尤其是在竞争激烈的商业社会，企业的竞争往往预示着人才的竞争。如果你在人才资源上胜过对手，那么你便会成为竞争中有利的一方。但是，如果你不善于用好手中的人才，那么它对你事业的打击将是致命的。

稻盛和夫在经营企业时，总结出在企业经营管理中要用人之长，避人之短。

企业领导者最重要的就是善于选人、用人、留人，知人善任、唯才是举、广纳群贤。有德有才的人毫无疑问要用，是不可多得的，也可能成为企业的骨干和社会的中坚力量，但实际上德与才都同时具备的人才可遇而不可求。对德与才的矛盾处理要把握好以下几点：有德无才的人不必用，大事办不了，小事办不好，不是块好料，为什么要勉为其难？有才缺德的人不可用，不做工作是小事，干扰工作或破坏团结无论如何也无法原谅；品德才能都一般的要用，"十个指头有长短"，选人最忌求全；君子有可能是才能一般品德优秀的人，这种人要用，有责任心，有正义感，有热情，有凝聚力，这种人是正气形成的主要力量。

　　有的人可能品德一般但才能突出，这种人要用，但是要给他定任务还要加强对他的监督，培养他成为整个集团的左臂右膀。曾国藩说："人才靠奖励而得，大凡中等之才，将帅鼓励便可成大器，若一味贬斥不用，则慢慢就会坠为朽庸。"选人有个角度问题，先看他能干什么，再看他不能干什么，颠倒过来就大不一样。

　　一个人生活在社会中，就免不了要和人打交道。一个人的力量是十分有限的，要生活，就要用人；要是有点事业心，想干点事情，就要有人帮助。一个好汉三个帮，没人帮助就不是好汉。大凡成功的人士，都是善于用人的。要用人，有个前提，就是要善于识人，然后才可用人。善于用人的领袖人物，都是把握全局，谋划未来的指挥者和策划者，而不是事必躬亲的具体实施者。作为一个领导，要懂得如何识人，识人才会有人；要会用人，用人之长，避人之短。

揭示工作的存在理由，激发员工工作热情

员工在工作方面的懈怠、纪律方面的松散是企业管理过程中经常遇到的问题。我们往往认为产生这种现象的主要原因是员工职业道德缺失、缺乏上进心。于是想方设法加强对员工的职业道德教育，希望以此来感化员工，激发起他们的工作热情。可这些往往都事与愿违，不但没有什么作用，有时甚至会增加员工的反感情绪。

【人生悟语】

"获得承认，得到尊重"，是每个人的愿望，要想使员工感到被认同，就得向他揭示工作存在的理由，让他感觉自己是完成这项任务必不可少的一部分，就能激起员工的工作热情。

稻盛和夫指出，对于任何一个企业来说，员工都是最重要的资本。没有员工的努力工作，就没有企业的兴旺发达。员工的懈怠与松散是企业发展最大的敌人。因而一个企业不管其规模大小，要想长期生存、发展下去，就必须彻底改变员工工作上的懈怠情绪与纪律上的松散状况。

要想解决问题，必须找到问题的根源。到底是什么原因造成了员工懈怠、松散的状况呢？其实问题还是出在企业本身，是企业运行机制方面存在的问题，影响甚至打击了员工的工作积极性。如何改善这种状况呢？稻盛和夫给了我们一个很好的解答：揭示工作的存在理由，激发员工的工作热情。

许多企业中都存在部门之间以及员工们相互推诿和扯皮的现象，导致组织中矛盾重重，内耗严重，浪费管理人员以及普通员工大量的时间和精力。所以，要解决这样的问题就得给员工揭示工作

的重要性，提升员工的责任感，从而激发员工的工作热情。

领导要让所有员工知道自己做的是什么，做好这份工作能给公司或是企业带来什么。大家在一个机构里工作，当然想参与到一个伟大企业诞生的过程中去，想让自己跟随企业共同成长，实现个人的社会价值。

稻盛和夫提到"获得承认，得到尊重"是每一个人的愿望，要想使员工感到被认同，就得向他揭示工作存在的理由，让他感觉自己是完成这项任务必不可少的一部分，就能激起员工的工作热情。

有一个人，在他刚参加工作时，工作热情及工作积极性很高，时时处处、想方设法把自己的优点和长处表现出来，积极参加各种活动，希望以此引起领导的重视及同事的尊重。但一直对自己所做的工作是否有益，能给公司和自己带来什么感到困惑。经过一段时间的努力，他还是没能明白自己的工作有什么意义，就感觉自己不但没受到领导的重视，反而处处受到压制；不仅没有得到同事的尊重，反而时时遭受白眼。于是他开始重新审视这个工作环境，发现消极地对待工作、情绪化地处理问题、毫无合作精神地工作和以前热情高涨的工作没什么两样，他认为少了自己这份工作，与公司也没什么大碍，于是他认为在这样的环境中工作，付出再大的努力也是徒劳的，不如就这样，过一天算一天。

这个案例揭示出工作存在的理由和激发员工的工作热情对于企业经营文化的影响。领导者必须首先把员工当成一个人而非仅仅是一种资源。只有把他们当成社会人、文化人，你才能正确理解为什么激励员工必须从员工做事的热情开始。

作为社会人的员工都有思想、有独立人格，有着自己做事的价值判断和行为标准，激励一个员工必须考虑他的动机。只有发自内心的事情他才真正愿意去做，主动地去做好：只有发自内心的事情，才能使他成为事情的主人而非奴隶。作为经理的你不能再用简单的方法去驱动员工前进，而应该让员工清楚自己所做的工作有怎样的意义，从而激发员工的工作热情。

稻盛和夫认为，个人目标是由个人需要所决定的，它有可能与组织的目标和要求相矛盾。揭示工作存在的理由，让员工参与自身目标和组织目标的制定，在设置组织目标时把它具体分解为个人目标，解决员工对工作价值的认识问题，使其充分认识所从事工作的必要性。因为，利益是调节人行为的重要因素，领导者在设置目标时，在保证企业和集体利益的前提下，应当尊重个人利益，使个人目标与组织目标尽可能协调一致，一致性程度越高，员工的自觉性、主动性和创造性才能得到有效发挥。反之，便会出现消极怠工，甚至产生抵触心理。

培养具有经营者意识的人才

人才是企业的第一资本。随着社会主义现代化建设的不断发展，科学技术不断进步，市场竞争愈来愈激烈，企业对人才素质的要求也愈来愈高，市场经济的竞争最终体现在人才的角逐上。谁拥有一支高素质的人才队伍，谁就有了成功的基础。因此，加强人才管理是企业管理创新的核心。

现代企业管理的重点从对物的管理转到对人的管理，人既是管理的对象和客体，又是管理的主体和动力。现代企业管理的创新，科学管理体制的创立，归根结底要靠一大批企业经营管理人才来实现。

企业的不断发展，对经营者必须具有的素质要求也越来越高。建设一支高素质的企业经营者队伍，从根本上说是建立现代企业制度提供人员素质和组织准备。在激烈的市场竞争环境中，选聘那些懂经营、会管理、有胆识、有谋略的开拓创新者，是确保企业获取更大成功的关键性工作。

稻盛和夫说："在企业经营过程中，我本人全心致力于经营，但这还不够，还需要员工关注经营，让他们自己参与到经营当中。我让年轻的员工们参与经营，划分一些小的组织让他们有独立经营权，以提升他们的经营能力，提升经营意识。把会计学通过通俗易懂的方式教给员工，让他们学会经营自己的团队、组织。这项措施一方面有助于企业整体的收益，另一方面有助于提高员工的经营意识，这是非常好的工具。"

松下幸之助说："松下电器是制造人才的公司，兼做电器产品！"

松下幸之助认为，自己一个人的能力是有限的，松下电器公司不能仅仅靠总经理经营，甚至依靠所有干部经营也不够，而是要靠全体员工的智慧来经营。培育人才，开发他们的智慧，这是松下公司实现伟大理想的基础性工作。

松下公司制订了长期人才培养计划，开办了关西地区员工研修所、奈良员工研修所、东京员工研修所、宇都宫员工研修所和海外研修所等八个研修所和一个高等职业学校，供全体员工进修。现在松下公司课长、主任以上的干部，多数是公司自己培养起来的。松下公司事业部长一级干部中，多数是有较高学历的、熟悉现代企业管理的，不少人会一门或几门外语，经常出国考察，有相当雄厚的知识储备和管理经验。

在如何培养与使用人才上，松下幸之助有自己独到的见解：

1. 注重员工的品德培养。如果员工缺乏应有的品德锻炼，就会在商业道义上产生不良的影响。

2. 注重员工的思想教育。松下幸之助力主培养员工的向心力，让员工了解公司的创业动机、传统、使命和目标。

3. 要教授员工专业知识和正确的价值判断。员工如果没有足够的专业知识，就不能满足工作上的需要，人与知识相结合才能拥有强大的力量；没有统一的价值观，公司就是一盘散沙，员工如果总能依据公司价值观判断事物，做事时就能尽量减少失败。

4. 训练员工的细心。细节往往足以影响大局。有时一点差错，就可能导致不可挽回的局面，因此培养员工的细心至关重要。

5. 培养员工的竞争意识。无论身处政坛或者商场，通过竞争可以督促自己奋发向上的力量，有竞争意识才能彻底地发挥出潜力。

6. 教育的核心是培养人格健全的人。一个具有良好人格的人，在工作环境优越时，能够自我激励，一天天进步。在工作环境恶劣时，也能承受压力，以积极的态度渡过难关。

7. 人才搭配要合理。在用人时，必须考虑员工之间的相互配合，如此才能发挥个人的聪明才智，这是人事管理上的金科玉律。

日本有句话叫"中小企业像脓包，变大就破"。就是说企业规模变大、情况日趋复杂后，经营者管不过来，捉襟见肘，企业就可能乱套。稻盛和夫创建京瓷后，从新产品开发到生产、销售，各个环节都由他一人负责。当企业发展到200人左右时，他开始感到力不从心。苦恼之余来了灵感：他想到了西游记里的孙悟空。孙悟空在遭受敌军重兵围困时，只要拔毛一吹，就可以变出自己的分身——许多小猴子。那么，企业经营者能否培育与自己理念一致的分身——许多小经营者呢？这就是阿米巴经营的起源。

稻盛和夫的阿米巴经营的目的之一是"培养具有经营意识的人才"。京瓷公司现有将近3000个阿米巴，管理层对阿米巴经营者的监督很严格，如果完不成目标，整改措施也比较严格。

企业倾向于从企业集团内部培养经营接班人。经营接班人往往从企业管理者中选拔，培养经营接班人，必须从培养管理者入手。管理者的培养，不仅是落实管理功能的需要，而且是培养经营者接班人的需要。对管理者的培养有双重意义。阿米巴经营在长期实践中，形成了完整的培养经营接班人的标准和措施，这为京瓷企业保持长久经营起到了关键作用。

企业培养人才，一方面要依托原有的经营人才，另一方面要引进一些高端的业内或业外经营人才，此外还要有针对性地挑选一些采编人员进行经营业务的理论培训、业务交流和实践锻炼，合格后充实到经营队伍中。

尽可能做到以内为主、内外结合、相互带动、良性提升，以较低的成本做好队伍结构调整，培养出一批经营人才骨干。要培育和造就一支高素质的企业经营人才队伍，一是引进，二是培养，而更重要的应是培养。应制订企业经营者队伍建设的培训计划，对企业经营者有计划、有步骤、分期分批地加以系统培训。可以采用国外、国内培训相结合的方式，更主要的是国内培训。

国内培训可聘请国内外专家，引进先进国家的教材、教学方法、教学管理方法、电脑软件、音像出版物等教学软件资源，可以通过国际互联网，利用国际各类科技、经济、商情信息作为教学资源进行培训。还可以积极鼓励年轻的经营者进行学历深造，有计划地选送到国内外的高等院校读书。应建立专门机构，把培训责任承担起来。

教育培训还必须注重实践，提高效率，培训不能流于形式，应严格考核、考试。通过培训，使企业经营者更新观念，更新技术和管理知识，从而为企业赢得人才竞争优势，并最终转化为企业持续竞争优势，使企业立于不败之地。

向有能力的营销人员学习

稻盛和夫在企业经营中，把营销当作是一个企业的生命支柱，即使是最尖端技术的企业，卖东西、销售产品仍然是企业经营的根本。随着全球经济一体化和买方市场的

【人生悟语】

良好的心理素质是一名营销人员必备的。合格的营销人员是通过学习、培养和磨砺成长起来的。

逐步形成，营销人员越来越占据了企业的重要地位。在经济萧条期，为了平稳地渡过经济寒冬，稻盛和夫呼吁全体员工都应成为推销员。他认为，企业各个岗位的员工，平时都会有好的想法、创意、点子，这些东西在萧条期不可放置不用，可以拿到客户那里，唤起他们潜在的需求，这就需要提高全体员工的营销能力，把每一位员工都培养成优秀的营销人员。

有能力的营销人员都具有良好的心理素质，这是每一个普通的营销人员都应该向其学习的。营销工作充满了酸甜苦辣，挫折、打击、委屈等都是营销人员的家常便饭。把心态调整为任何事受挫折是应该的，不受挫折就能办成对自己来说就是一种幸运。营销人员应对企业，对产品，对自己充满信心，相信自己能干好，相信企业能给自己实现价值的机会，相信自己所做的产品是最优秀的，自己是在用该产品向消费者提供最好的服务。

乔·吉拉德创造了5项汽车零售吉尼斯世界纪录：平均每天销售4辆汽车；最多一天销售18辆；一个月最多销售174辆车；一年最多销售1425辆车；在15年的销售生涯中总共销售了13001辆车。

当人们好奇地问乔·吉拉德营销成功的经验时，他告诉了人们四条成功的重要秘诀：一是要有条不紊地记下所有客人的名字，做好准备；二是用心聆听，展示微笑；三是保持乐观，支持你所卖的产品；四是从每一项交易中学习。乔·吉拉德的成功经验，值得每一个营销人员学习。

稻盛和夫指出，营销的基本态度就是要当客户的仆人，时刻为了客户提供服务。如果一个营销人员缺乏为客户尽心尽力的精神，想得到客户的认可几乎是不可能的。如果这样的人去做企业管理人员，公司很难经营好。

从大的方面来说，销售是营销的关键环节和最终目的。从小的方面看，销售能力是市场操作的基础。任何一个优秀的一线业务人员都必须拥有这种能力。营销是一个很锻炼人耐性的职业，刚开始没有客户的时候你要有耐性。很多刚踏入营销行业的人半途而废都是不能坚持的结果，营销可能需要忍耐一个月、半年甚至一年才能积累到一些客户，营销人员的业绩和收入才能相应地提高，机会主义者千万不要去做营销。光靠运气是不能长久的。

弗兰克·贝特格是美国著名保险营销顾问，伟大的保险推销员，曾创造过美国保险业多项第一。

当人们问及他成功推销的经验时。他告诉人们：作为一名推销员，只有用你的激情才能点燃成功的火焰。他还给年轻的推销员提出了几点建议：一是不断战胜自己；二是善于亲近客户，与客户事先做好约定，做好充分的准备；三是找出重点，赢得信赖；四是妥善运用时间，不要忽视顾客的下属；五是苦练基本功等一系列宝贵的经验。

他还说道："成功不是用你一生所取得的地位来衡量的，而是用你克服的困难来衡量。"

弗兰克·贝特格正是凭着他对营销的激情与执着，才成就了他世界顶级推销大师的美名。这值得每一个想在营销岗位上奋斗的年轻员工学习。

销售是需要热情的，在稻盛和夫看来，销售首先要找到客户，寻找的过程就如大海捞针，刚起步甚至会让人无从下手，费尽千辛万苦找到一个潜在客户受气受累不说，还可能得不到上司的肯定，如果没有一种信念支撑着，是不会走到春光明媚业务源源不断的地步的。正如马云所说：今天很残酷，明天很残酷，后天很美好，但是大部分人都死在了明天晚上，看不到后天升起的太阳。因此，企业在萧条期要做好营销计划，就要向有能力的营销人员学习，学习他们的意志力、承受力，学习他们在艰苦环境下积极进取、乐观向上的精神，学习他们的敬业，执着和全力以赴，才能在这个充满竞争的社会里为自己、为企业争得一席之地，开辟一条发展之路。

自利利人：企业要长久获利，必先利人

在知足的基础上再求发展

老子说："故知足不辱，知止不殆，可以长久。"意思是：知道满足者不会遭到耻辱，知道适可而止者不会导致失败，这才是长治久安之道。对企业发展来说"知足"不是"安于现状"，而是要足够了解自己，同时还要足够地了解竞争对手，只有这样才能做到"知足常乐"。

【人生悟语】

让事业永续的秘诀在于在知足的基础上再求发展。京瓷的发展，以及后来京瓷并购的其他企业都能取得长远的发展，一个主要的因素就是企业在经营中秉持了在知足的基础上再求发展。

"知足常乐"，就是教育员工要正确对待自身待遇问题。从人的最基本的物质需求角度来讲，任何员工工作的最起码要求就是有一个理想的物质回报。但对这一回报应该明确一定的度，要把自身物质追求与自身工作贡献以及付出的努力结合在一起。特别是一些效益相对较好的企业，在这方面最应该注意。因为员工的待遇一直处于上涨状态，这样就容易让员工对回报产生更高期望值，容易拿自己与更好的企业员工待遇相比较。因而要教育员工不要盲目攀比，不要站在这山看那山高，要正确审视自我，寻找差距，保持一颗平和之心。

稻盛和夫指出，让事业永续的秘诀在于在知足的基础上再求发展。京瓷的发展，以及后来京瓷并购的其他企业都能取得长远的发展，一个主要的因素就是企业在经营中秉持了在知足的基础上再求发展。

很多企业过于关注宏伟规划的蓝图，这种先定战略、后求战术的思维，很可能导致企业为实现战略目标而盲目扩张，进入陌生的领域。有些企业家对利润的追逐、对财富的渴望、对成功的期盼毫无节制、没有止境，只对发展规模有着特殊的偏好。

联想在2000年提出了实现300亿美元销售额的宏大目标。当看到中国个人电脑行业的市场容量不足以支撑其实现目标时，强行实施多元化发展，进入手机、互联网和IT服务等行业；四处碰壁之后，果断收缩业务，才及时止损。

有些企业家抓住20世纪80年代改革的大好时机，经营的几种产品同时获得成功，就误认为多元化是企业的成功之道。有些企业没有制定有效的发展战略，看到其他行业赚钱，就见异思迁，这个世界上所有的钱都想赚。取得一点成就，获得了成功，就骄傲自大，以为自己无所不能，无往不胜，进入哪个行业，都可以获得成功。这些都是导致失败的因素。

这一系列问题，造成企业在"不知己，不知彼"的情况下高估了自己的能力，而导致失败。稻盛和夫指出，企业要充分了解自己、了解竞争对手、了解市场，才能做到"知足常乐"。在企业发展过程中，应该知足、知止。因为知足不辱，知止不殆，可以长久。这倒不是让企业丧失斗志，而是在任何行动之前要有充分的考虑。

单纯追求私利的企业，无法获得员工的信任

员工信任他们的同事，他们也把工作作为自己生活中最为重要的部分，但是，他们却并不信任他们的企业——他们并不认为企业的决策和组织是有利于自己发展的。

当谈及那些有关员工自身利益的相关决策时，情况尤其如此。对企业来说，你的员工不信任你，会给你的工作带来很多麻烦，在诸多麻烦当中，两个最大的问题密切相关——业绩和利润。

【人生悟语】

企业是一个经济组织，是一种以营利为目的的经济组织，同时，企业也必须承担一定的社会责任。企业追求私利天经地义，而企业履行社会责任也是责无旁贷的。

一个人自己可以做到不自私，但无法让别人不自私。我们先看两则寓言故事。

一只母野兔和一条大花蛇成了邻居，野兔非常热心，它想"远亲不如近邻"，搞好邻里关系，有事彼此还可以照顾着点儿，于是它就经常给大花蛇送点点心什么的。大花蛇对野兔也很热情，一口一个"大姐"，嘴甜着呢！一段时间后，野兔当妈妈了，六个小野

兔在窝里跑来跑去，可爱极了。附近的食物吃得差不多了，野兔妈妈想去远处给孩子们找食物，但又担心孩子的安全。

正在为难时，大花蛇跑了来，自告奋勇地要照顾小野兔："大姐，你去找食物吧！我帮你看着孩子！你看它们多可爱呀，我这个当舅舅的一定会照顾好它们的。"野兔妈妈听信了大花蛇的话，就放心地走了。傍晚，野兔妈妈满载而归，可是窝里却是空空的。小宝宝哪里去了？野兔妈妈放下食物，就赶快去找邻居花蛇，一进门就看到花蛇躺在床上，肚子鼓鼓的，嘴边还沾着小野兔的毛呢！野兔妈妈愤怒地哭骂起来，花蛇却无赖地拍拍肚子说："大姐，别哭了，它们一只没少全在我肚子里，说真的，你什么时候再生一窝？味道好极了！"野兔悲愤欲绝。

小猪甲亲热地对小猪乙说："以后咱们就是兄弟了，放心，我一定会好好照顾你的！"小猪乙觉得自己太幸运了，遇到了一个好兄弟。小猪甲常劝小猪乙："你要努力吃呀！多吃多睡身体才会好，主人才会喜欢你。"小猪乙听信了它的话，每天吃饱了就睡，睡醒了就吃，很快就长得肥肥胖胖的。过年的时候，农夫决定杀一头猪，小猪甲又瘦又小，所以小猪乙就被送到了屠夫那里。鲜血流出来的那一刻，小猪乙终于知道了：小猪甲之所以劝它多吃，其实是为了保护它自己。

在上面两则寓言故事中，野兔之所以会失去孩子就是因为它对邻居没有保持足够的戒心，轻易地将孩子托付给大花蛇；小猪乙之所以早甲一步走上断头台，是因为它对别人的话没有保持足够的理智去认识。两则故事中的主人公都缺乏对谎言的判断力。可见，人与人之间建立互信是难能可贵的。

企业与员工的关系也是如此，稻盛和夫指出，企业要是没有得到员工的信任，就不会取得最佳的业绩。如果员工对企业不能充分信任，企业的发展就不可能长远。如果想留住人才，企业就必须与员工成为利益共同体，从而增强员工对企业的归属感和信任感。稻盛和夫自己实践了这点，在2009年经济危机的时候，稻盛和夫公开宣布不会裁员。

现在不少企业已经认识到，单纯追求私利，无法获得员工的信任。于是，一些企业开始推行一种年度的"总额奖励计划"，以此和每一个员工的报酬挂钩，包括工资、体检和伤残福利、退休金等。意料不到的效果是，推行这种计划的企业大幅度提高了员工对公司的信任度。这样企业的员工和管理层之间能互相理解合作无间。

为了增强员工对企业的信任度，英国并行技术公司驻中国办事处聘请了孙明先作为新一任的人力资源总监。如人们所想的，新总监会从改变企业文化入手来调整劳资关系，孙明先将重点放在了调整人事文化上。在最初的一段时间内，这位人力资源总监和公司员工进行了无数次的交流。

她积极听取员工的意见，在报酬、赔偿及健康福利等方面尽可能地与员工的期望保持一致。慢慢地，当员工的需求与企业的福利计划结合——在人力资源部门的推动下——变得清晰的时候，信任就开始在企业内部重新构建起来。

进入21世纪后，社会化分工发展已经达到了相当的高度，相关人力资源管理研究体系也日趋完善，但大多数企业出于直观利益的考虑，单纯追求私利，不太关注员工的利益，这样企业就没办法获得员工的信任。一个没办法获得员工信任的企业将无法获得长期的发展。

在稻盛和夫看来，企业是一个经济组织，是一种以营利为目的的经济组织，同时，企业也必须承担一定的社会责任。企业追求私利天经地义，而企业履行社会责任也是责无旁贷的。企业或是社会的发展，都是因为人们追求利益的结果，所以企业要想追求利益就得权衡各个方面的利益，不能单纯追求私利，在追求企业利益的时候，要兼顾员工的利益，这样，企业就能获得员工的信任和支持。

联谊聚会是构筑人际关系的良机

人际关系是职业生涯中一个非常重要的课题，特别是对大公司的职业人士来说，良好的人际关系是舒心工作、安心生活的必要条件。稻盛和夫说过，作为经营者，要做到能够体谅并铭记手下员工的辛劳。企业要想有一种向上的、积极的，团结的企业经营文化，经营者就要有那种"平日里都是我在不断督促大家辛劳工作，有了机会至少还是要请大家吃个饭，犒劳一下大家"的温情。

稻盛和夫指出，在温馨的气氛中进行认真讨论的酒宴，不是为了寻欢作乐，也不是为了借酒浇愁，大家坐到一块儿是为了通过小酌怡

【人生悟语】

在温馨的气氛中进行认真讨论的酒宴，不是为了寻欢作乐，也不是为了借酒浇愁，大家坐到一块儿是为了通过小酌怡情的方式来畅谈人生与事业。

情的方式来畅谈人生与事业。在轻松愉快的同时，又能保持认真的态度，这就是稻盛和夫举办联谊聚会的风格。经营者与员工如果能够在敞开胸怀、共同畅饮的同时，脱去伪装，坦诚相待，就一定能达到心与心的交流。

　　一般来说，联欢会可以兼顾领导年终总结讲话、表彰优秀员工、欣赏文艺演出等多项内容，其中最受欢迎的要数各部门为联欢专门排练的自创型节目了，人们会从中发现周围竟然隐藏着这么多的"文艺人才"。

　　此外，在联欢会上常常还会设计一些有趣的群体游戏，大家抛开平时匆忙而严肃的表情纷纷摩拳擦掌参与游戏的样子，实在是让人觉得开心至极。在"过节""放假"一类充满诱惑的字眼倒计时，特别是还有一项重要的活动在等待着辛苦了一年的员工们，比如说企业联欢等，每当此时，无论是领导还是下属，全都愿意聚拢在一起大大地热闹一番。这样企业的经营文化氛围会更融和，企业内部上司和下属之间、同事之间的关系也会更融洽。

　　贸易公司的员工秦风在谈到年末最喜欢做的事情时，他说："我特别喜欢公司年末联欢会上的游戏节目，不瞒你说，因为能看到上司'出洋相'啊！"他的同事刘毅也道出了同样的心声："在去年联欢会上的'尝味道'游戏中，那个总是喜欢训斥我们的部门上司就中了辣椒水的'头彩'，他刚想发作，忽然意识到是在玩游戏，所以只好一脸苦笑地下了场。看着他那副尴尬的表情，我们差点乐晕过去。"这样的联欢，可以拉近上司和下属的关系，大家彼此之间也会熟悉。

　　其实，对管理者来说，岁末员工联欢活动是增强企业凝聚力的大好机会。辛苦了整整一年，员工们在此间没少挨上司的批评，心中的委屈难以避免，若不能在节日来临的良好氛围中对下属做出嘉奖与鼓励的姿态来，员工来年的工作士气以及上下级之间的关系或许就将受到影响。所以利用年终的机会"大宴群臣"，拉近同员工之间的距离，稳定干将们的军心，让下属为自己的理解与关心所感动，再适时地送上一些奖金或奖品以表鼓励，花销虽不大，但却能赢得人心，实在是物超所值的投入。

对员工来讲，自己拼搏了整整一年，能通过这种集体活动从老板的口中得到对自己的肯定，应该算是一种极大的安慰，而各种物质奖励也可以让他们体会到企业对员工劳动的另一种颇具人情味的回报；此外，在聚会上能看到平时严厉刻板的上司露出温情的一面，对员工来说也可以得到心理上的平衡与松弛感。当然，同事间抛开工作的生活化交流，以及通过联欢活动了解彼此间其他特长的效果，也是员工们愿意参与年末企业联欢活动的原因。

石墙缝里闪光的小碎石同样重要

曾经有人说过：每个人都是按照上帝的形象创造的，不管其地位、智力、性别、宗教信仰、种族和教育程度如何，都有他的尊严和价值。不管他今天是处在什么样的位置，不管他今天是做什么

【人生悟语】

在经营企业时，企业里的每一个员工都很重要，每一件物品都有它的用处，不能因为物品小或是员工在企业中所处的位置低，就轻视他。

的，每一个生活在世界上的人，他都有自己的价值。在被问到应该怎样经营企业时，稻盛和夫说："石墙缝里闪光的小碎石同样重要。"

稻盛和夫的意思是，在经营企业时，企业里的每一个员工都很重要，每一件物品都有它的用处，不能因为物品小或是员工在企业中所处的位置低，就轻视他。还有一位企业家和稻盛和夫的思想差不多，他说："企业成败的关键在于是否把员工视为最重要的财产，是否尊重每一个员工。如果做到这一点，就能依靠员工创造出不同凡响的业绩。"

有一个著名企业家非常重视团队的作用，在他看来，公司中的每一个成员就像墙上的一块块砖头，每块砖头固然牢固，但要把砖砌成结实的一堵墙，不可缺少的则是砂浆。就是说，整个团队要制定一个共同目标，团队全体人员为这一目标共同努力、相互尊重、相互信任、畅所欲言，这样团队才会不断地前进。这个企业总在寻求突破，并鼓励员工不断创新。

在每个周六的早晨，企业都会邀请一些对企业经营和管理有想法的员工来和其他员工分享他们的心得。包括会邀请那些想出节省资金办法的员工来参加星期六早晨会议。企业管理者特别强调应该倾听员工的意见，帮助他们解决实际问题。他尊重每一位员工，在企业总部，经常能看到一些员工从很远的地方，开着小货车来到公司总部，坐在总部大厅等着见董事长。虽说不一定每次都能见到，而且未必能解决什么问题，但通过这件事，可以看出公司内部的开放环境，让员工感到公司是真心乐于帮助他们，并且非常欣赏他们的努力。这对每一位员工来说，就是一种尊重，也证实了他们的价值得到了肯定。

有一次，一个在实习期的营销专业的大学生，在这个公司的配送中心工作了一个夏天，提出了一个使工作更有效的建议——如何更快填写订单，结果建议被公司采纳，公司以他的名字在他们大学设了一个5年的销售专业奖学金，以此表彰他对公司做出的贡献。

稻盛和夫指出，每一个员工都在以不同的方式在管理者的引导下为企业做贡献，尽管在很多情况下不是员工自发的，但是企业领导必须在关注企业效益和客户发展的过程中，重视员工的价值。只有认识到"石缝里闪闪发光的小石子也同等重要"，才能合理利用人才资源，使企业获得长远的发展。

有道是"坚车能载重，渡河不如舟，骏马能历险，犁田不如牛"，正所谓"闻道有先后，术业有专攻"，只有尊重每一个员工，才能收到"众人拾柴火焰高"之功效。它要求经营者增强"每个人都是资源"的意识，强化"每个人都是资本"的观念，确立"每个人都是要素"的思想，即使是一个不起眼的"螺丝钉"也要给其"用武之地"，发挥不可或缺的作用，努力构建企业的人才合力。

"利他"是企业经营的起点

所谓"利他"之心，在佛教来说就是"与人为善"的慈悲心，在基督教来说就是爱。"竭尽所能为世间、为人类付出"，利他不管在个人人生中，或在企业经营中，都是不可或缺的一个重要字眼。稻盛

和夫，大家熟悉他不单是因为他亲手创建的两家世界500强企业，更多人关注的则是他的经营哲学：利他。稻盛和夫说，自利是人的本性，没有自利，人就失去了生存的基础。同时，利他也是人性的一部分，没有利他，人生和事业就会失去平衡并最终导致失败。

在稻盛和夫看来，人们在自利、利他的原则指导下发展起了工商业，社会得到快速发展，人们也掌握了商业这一新工具。但时至今日，越来越多的人觉得利他的回报不可靠，利己的收益则近在眼前。比如湖北的一家化工企业花1000万元建立了污水处理装置，以避免对长江水质的污染，可是它很难从这一善举中快速得到回报。反过来，如果它省下了这1000万元的污水处理费用，即便其污水对生态造成污染，对企业影响一时也难以显现。随着商业活动范围的不断扩大，原有的"自利利他"价值观逐渐被削弱了。

从前，有两位很虔诚、很要好的教徒，决定一起到遥远的圣山朝圣。两人背上行囊，风尘仆仆地上路，誓言不达圣山朝拜，绝不返家。

两位教徒走啊走，走了两个多星期之后，遇见一位白发年长

的圣者。这圣者看到这两位如此虔诚的教徒千里迢迢要前往圣山朝圣，就十分感动地告诉他们："从这里距离圣山还有十天的脚程，但是很遗憾，我在这十字路口就要和你们分手了。而在分手前，我要送给你们一个礼物！什么礼物呢？就是你们当中一个人先许愿，他的愿望一定会马上实现；而第二个人的愿望可以加倍！"

此时，其中一教徒心里想："这太棒了，我已经知道我想要许什么愿了，但我不要先讲，因为如果我先许愿，我就吃亏了，他就可以有双倍的礼物！那可不行！"而另外一教徒也自忖："我怎么可以先讲，让我的朋友获得加倍的礼物呢？"于是，两位教徒就开始客气起来，"你先讲嘛！""你比较年长，你先许愿吧！""不，应该你先许愿！"两位教徒彼此推来推去。

客套地推辞一番后，两人就开始不耐烦起来，气氛也变了："你干嘛？你先讲啊！""为什么我先讲？我才不要呢！"两人推到最后，其中一人生气了，大声说道："喂，你真是个不识相、不知好歹的人，你再不许愿的话，我就把你的狗腿打断、把你掐死！"

另外一人没有想到他的朋友居然变脸，竟然来恐吓自己，于是想，你这么无情无义，我也不必对你太有情有义！我没办法得到的东西，你也休想得到！于是，这个教徒干脆把心一横，狠心地说道："好，我先许愿！我希望——我的一只眼睛瞎掉！"

很快，这位教徒的一只眼睛马上瞎了，而与他同行的好朋友，立刻两只眼睛都瞎了！原本，这是一件十分美好的礼物，可以使两位好朋友共享，但是他们让自私左右了自己，结果"祝福"变成"诅咒"，"好友"变成"仇敌"，更是让原来可以"双赢"的事，变成两人瞎眼的"双输"！

自私，这种极端利己的心理就是不顾他人和社会的利益，只计较个人得失，不讲公德，甚至会为私欲铤而走险，怀有这种心理的人最后必将受到法律制裁。自私也是诱发贪婪、嫉妒、报复等病态心理的根源。

然而同样的时间，不同的地点，自私仍在上演……人的本性中的弱点制约着人的品行。

利己和利他某种程度上是辩证统一的，我们说一个人是否自私，个人品质如何，关键是看他身上利己和利他精神各占的比重有多少。高尚的人处世为人，总要考虑他人感受和社会利益，甚至关键时刻会牺牲自己的利益。

与其事后慈善捐款抚慰心灵的不安，不如在发展之初就以利他之心，奠定百年基石，此即利他则久。同仁堂创立于清康熙八年，300多年来，历代同仁堂人一直恪守"炮制虽繁必不敢省人工，品味虽贵必不敢减物力"的传统古训，树立"修合无人见，存心有天知"的自律意识，确保了同仁堂金字招牌长盛不衰。

如果企业家能够认识到自利利他的价值，并借此构筑利他竞争力，商界会多一些和谐，世界将会因此而改变。一个企业必须以关爱之心，利他之心经营，动机之善，私心了无。

稻盛和夫指出，追求利润，在市场竞争上打败对手，这当然没问题，但如果把这个东西推演到企业内部的文化上，企业员工就会说，你的企业是追求最大的利润，以最小的付出获得最大的收入，我们员工也是以最小的努力要获得最大的收益，这样的企业能有竞争力吗？能有凝聚力吗？所以，这个文化就开始改变，我们要从完全的利己改为策略性利他。

　　世界上不可能没有利己，利己不是罪恶，但是世界上也不能够没有利他，利他也不是乌托邦，而是文明进步的精髓，具有利他精神的文化变革是企业竞争力升华为更高阶段的重要标志，也是商业文明发展到更高阶段的重要标志。

第五章

领导哲学：

阿米巴管理模式

行善无私：领导者应舍私利，行正道

领导者应有令人钦佩的人格魅力

稻盛先生指出，人格魅力是领导者以自己高尚的道德品质和情操，在长期的领导活动中形成和发展的独特的感染力、影响力、吸引力、号召力等的总和。它是领导者建立良好人缘的基础和关键。希尔博士有句名言："真正的领导能力来自让人钦佩的人格。"

【人生悟语】

人格魅力是领导者以自己高尚的道德品质和情操，在长期的领导活动中形成和发展的独特的感染力、影响力、吸引力、号召力等的总和。

人格魅力是一种影响力，一种使人潜移默化地接受对方影响的心理因素，一种客观存在的社会心理现象。与影响领导人缘的其他因素相比，它具有非强制性、无形性、渗透性等特征。有能力的人，不一定都有人格魅力。稻盛先生曾说，缺乏优秀的品格和个性魅力，领导者的能力即便再出色，人们对他的印象也会大打折扣，他的威信和影响力也会受到负面影响。

领导者的人格魅力影响着其执行任务的能力，其影响主要通过领导者运用权力时产生的亲和力、凝聚力、感召力，使被领导者心甘情愿地为实现既定目标努力奋斗。稻盛先生在经营企业时不断提升自己的思想修养，学习各方面的知识，同时潜心研究西乡先生的思想和遗训，最终确立了自己的人生和经营哲学，并按照这套哲学为人处世，经营企业，形成了令人钦佩的人格魅力，最终获得了企业和人生的成功。

　　人格魅力一旦形成和塑造起来，领导者在实践中就会产生多方面的积极效应，为领导者建立良好的人缘奠定坚实的基础。

　　衡量一个人的真正品格，很大程度上要看他能否在别人面前始终如一地坚持自己的原则。

　　一个犹太人在小镇上开了一家小小的酒吧。有一天，他接到一个电话，对方委婉地说："我将和我的几个朋友一起前往你的酒吧。为了方便，你能谢绝其他顾客吗？"犹太人毫不犹豫地拒绝了："我欢迎你们来，但要谢绝其他顾客，这不可能。"最后，对方亮出了自己的身份："我是出访中东的美国国务卿基辛格博士，我是在朋友的推荐下过来的，希望你能考虑一下我的要求。"犹太人礼貌地说："先生，您愿意光临本店我深感荣幸，但是，因您的缘故而将其他人拒之门外，我无论如何也办不到。"基辛格博士听后，悻悻地挂断了电话。第二天，犹太人又接到了基辛格的电话，说明天只打算带三个人来，只订一桌，并且不必谢绝其他客人。犹太人说："可我还是无法满足您的要求。"基辛格很意外："为什么？""对不起，先生，明天是星期六，本店休息。""后天我就要回美国了，您能否破例一次呢？"犹太人很诚恳地说："不行，我是犹太人，您该知道，礼拜六是个神圣的日子，本酒吧不营业。"基辛格无言以对，只好带着遗憾回到了美国。

一个人即使什么都没有，但他不能没有做人的品格。环境最能考验一个人的品格，越是恶劣的环境，越能考验一个人的品格，如果你表现出高尚的品格，对手也将被你的人格魅力所折服、所倾倒。

对于企业领导者来说，具备智慧、幽默、乐观、进取、正直、公平、宽容、有爱心等个性品质，将创造出一种独特的风格把其他人吸引到你身边，凝聚在你周围，营造一个有活力的充满人情味的可信赖的氛围，并以此来激励下属潜能的发挥，提高工作效率。拥有令人钦佩的人格魅力的领导者，应具备改变现状的冲劲和能力，独立思考，大胆创新。拥有令人钦佩的人格魅力的领导者，应具有高尚的品质、情操和良好的道德修养，会不断地完善自己、充实自己，努力提高工作能力和领导水平，能有效地约束自己和反省自己的行为。拥有令人钦佩的人格魅力的领导者，应具有强大的威慑力，能扶正祛邪，与各种影响安定、团结的力量进行斗争，维护、巩固和发展良好的人际关系，能以独特的智慧、方式和力量获得他人的理解、关心和支持，创造真实、稳固、和谐的人际关系。对于那些不太擅长交往、性格内向的领导者来说，独特的人格魅力具有无形的、持久的交际效果，是对自己的立场、品质、态度的无声的解释和宣传。拥有令人钦佩的人格魅力的领导者，应善于以自己的优势帮助他人改正缺点、完善人格，同时不断地吸取他人的优点和长处，充实和完善自己；要积极参加各种组织活动，主动接受挑战，在实践中增长才干，锻炼人格；要经常与人沟通，感染他人，教育他人，鼓舞他人；要从小事做起，探寻和创造建立良好人际关系的切入点；要定期反省自己的人际发展状况，及时总结经验和教训，虚心听取多方面的意见，及时发现和改正自己的缺点；敢于聘用持反对意见的人，鼓励他人批评和监督自己，营造彼此之间互相监督的良好风尚。

只要领导者用爱心和榜样的力量去感化人，用尊重和理解的方法去帮助人，用能力和积极的品格去影响人，用设法提供舞台和机遇去引人，那么，他就一定会成为一个有着强烈的吸引力和感召力、深受下属和群众拥戴的领袖人物，就能拥有令人钦佩的人格魅力。

具美德而不露锋芒者居高位

谦虚，是一种美德，我们很小的时候就被灌输，社会的门槛有高有低，只有以谦卑的姿态行走其间，才能走得顺畅。长辈或是老师在我们学习或是工作的环境中经常说要低调做人，高调做事，时刻谨慎，不锋芒毕露。只有这样，才能合群，融洽地与别人相处。

【人生悟语】

任用人才，比能力更重要的是品德。如果只因能力、工作得力，便让其居高位，那么公司必将失败。

在社会上，那些才华横溢、锋芒太露的人，虽然易出风头、惹人注目，可是也容易遭受挫折。锋芒不露，谦虚低调，才能与人相处融洽。史传圣人舜极为平易近人，在乡民中，他的表现就是一个普通乡民；在贵族间，他的表现就是一个高雅贵族；在军旅中，他的表现就是一个果敢军人；在妇人间，他的表现就是一个善解人意的温柔之人。他没有格格不入，非常适应各种角色，从而赢得了全民的拥戴。

稻盛先生认为，任用人才，比能力更重要的是他的品格。如果只因能力强、工作得力，便让其登上高位，那么公司迟早会失败。寻觅德高望重、品行端正之人，将这种人放在真正重要的职位上，这是非常必要的。如果取得一定成绩之后，摆出一副高高在上的姿态，一副得意忘形的面孔，一副颐指气使的神情，一副专横跋扈的气势——以这种傲慢的姿态处世，没有下属愿意与这种领导合作。

就职于一家策划公司的王刚，由于出众的个人能力，短短一年，在接连几套企业方案为公司带来丰厚利润后，成了公司的骨干，但是进入第二年，原本早就应该升职的王刚却一直停滞不前。这与他的业绩无关，而是出在他与同事的关系上。在他眼里，公司里的人都是一些无能之辈，张三李四成了他评说的对象，王五赵六也不是他的对手，有时，连公司老板，王刚也不放在眼里，整天一副居功自傲的样子。

每次公司领导想提拔他征求员工意见时，大家都说与他不好共事，并表示不愿到他所负责的部门做事。就这样，王刚成了"孤家寡人"，而老板一谈到他，也总是无可奈何地摇头说："他就是恃才傲物，个性太强了。"

当你在工作上有优秀表现而受到肯定时，千万要记住一点——具美德而不露锋芒者才能居高位。所以，当你取得成绩时，要学会与人分享，即使是口头上的感谢，也是一种分享，你能主动与人分享，这让旁人有受尊重的感觉，这样别人就会觉得你这个人好相处，以后遇到什么机会才会想到你。如果你的成绩事实上是众人协力完成，那你更应该感谢帮助你的人，要让其他人明白，你是一个懂得感恩的人，你就能给他人留下一个既有能力又有品德的印象。

当你和其他人一起分享了你的成绩之后，相当于其他人也分享了你的荣耀，他们就愿意和你站到同一战线上了。感谢也就是学会感恩，修养自己的品德。有很多人一旦有了成绩，就容易自我膨胀，感觉自己什么都比别人强，时常挑三拣四，老觉得没自己不行，一副我最大的气势，这样下去最终会遭到他人的嫌弃。因此，在工作中取得了成绩，要懂得谦虚。这样人们才愿意与你合作。

很多时候，高调地为人处世，并不一定能令人信服，也许不露锋芒更具震慑力。我们在生活中，都有这样的感觉：一个谦虚的人，很快能赢得我们的好感，感到可亲可近；同时，再没有比傲气凌人，更能伤人，更能让我们厌恶的了。无论恃才、恃贵、恃貌，一旦骄傲处世待人，聪明外露，自以为是，看不起人，都是取败之相，甚为不智，甚至有可能遭遇不可测的灾变。如果你习惯了恃才傲物，看不起别人，那么你将得不到别人的支持、信任，你的人际关系将会出现危机，你可能长时间地处于孤立无援的境地。请记住稻盛先生的忠告：具美德而不露锋芒者才能居高位。

不应该以牺牲员工利益来获利

在管理和培养人才方面，"以德为本"是稻盛先生非常重要的管理哲学。在他的经营哲学中，他频繁提到的一点就是"利他"。"利他"要求经营者或管理者在企业经营管理时要照顾到员工的利益，不能为了企业而牺牲员工的利益，这样才能赢得员工的信任和支持，才

【人生悟语】

员工是企业主体，他们拥有的习惯，企业同样拥有。企业或许能靠剥夺员工的权益，赢得宝贵的运营成本。但是，企业要想真正发展壮大，绝不能通过牺牲员工利益来获得利润。

能激发员工的工作热情，员工才会以最大的限度为企业效力，员工的才智才能得到最大的发挥，企业才能在竞争中立于不败之地。

几十年来，我们一直在接受着这样的教育：人应该高尚，高尚的人应该是无私的，高尚的人在个人利益与集体利益发生冲突时，应该毫不犹豫地牺牲个人利益……"毫不利己，专门利人"被作为道德标杆。

稻盛先生多次强调，员工是企业的主体，他们拥有的习惯，企业同样拥有。企业或许能靠剥夺员工的权益，赢得宝贵的运营成本。但是，企业要想真正发展壮大，绝不能通过牺牲员工利益来获得利润。这样做，企业不仅赚不到应有的利润，还会失去员工的信任、客户的支持。

无论是摩托罗拉的"对人永远的尊重"，还是业界有名的"惠普之道"，都告诫企业需要做到：真正将员工当作一起成长的伙伴、不可缺少的无形资产，通过各种方式来提升员工对企业的满

意度。

　　在东方地球物理公司，凡是涉及员工切身利益的内容，包括劳动合同、员工工资、社会保险、企业年金等；涉及企业劳动安全卫生的内容，包括劳动安全设施、劳动保护条件、员工定期健康检查等；以及涉及协调劳动关系的基本制度、促进企业科学管理和健康发展的内容等方面，公司工会都进行了严格的规范。该公司从未为了公司利益而牺牲员工的利益，相反，还投入大量的资金来保障员工的利益。

　　庞卫星是东方地球物理公司的一名普通员工，几年前他在巴基斯坦工作时被枪击受伤，胸部以下失去知觉，东方地球物理公司启动SOS，花费16万美元包专机把他送回北京治疗。公司还帮他在家买了一套电器齐全、装修典雅的140平方米的房子。庞卫星坐的轮椅是德国产的，家门前那条无障碍通道是公司专门为他修的，卫生间也是专门设置的，都是公司出钱。

　　作为连续五年获得全国"安康杯"竞赛优胜企业称号的东方地球物理公司，曾先后3次启动SOS，包专机从巴基斯坦、乍得等地将3名受伤和病重的员工送往北京治疗。仅这3人花费就达400多万元人民币。不以牺牲员工的利益和生命为代价换取企业的经济效益，是东方地球物理公司的郑重承诺。

　　动辄以企业发展大局的名义要求员工牺牲个人利益，其实是企业以一种不高尚的方式要求员工高尚。因此，要想使企业整体的利益得到维护，就要从保护每一个员工的利益着手——如果企业任意牺牲某一个员工的利益，那么其他员工的利益也得不到保障，最终企业的利益也就无从谈起。

人总是有私心的。不愿牺牲个人利益是符合人性的。如果企业经营者或是管理者认清这一点，在制定企业规则和目标计划的过程中，尊重每个员工的利益，企业就能取得员工的信任和支持，企业的发展才有保证。稻盛先生从不提倡为了公司利益牺牲个人利益，体现了对员工的尊重，而尊重员工的公司也会得到员工的尊重——这大概也是稻盛先生能取得今天成就的重要原因吧。

企业领导者应该身居一线

　　有人说过这样一句话："喜欢走市场的老板都容易成功。"在企业范围内，说天时、地利、人和，天时为管理体系，地利为对市场的熟悉程度，人和则是领导者和员工之间的和谐。一个企业领导者只有兼具了天时、地利、人和才能在企业经营中取得成功。而具备天时地利人和的条件之一就是领导人身居一线。一个领导人身居一线，多和员工沟通，不仅能激励员工，而且还可以了解市场信息。

【人生悟语】

　　领导身居一线是一种企业文化"教育"行为，企业领导身居一线，能将企业的价值观通过身体力行、言传身教的方式传递给员工，可以增强企业组织的凝聚力，这对于企业长期健康发展、持续赢利有着重要意义。

　　稻盛先生曾经说过，"一线领导"不仅为领导者树立"平易近人、求真务实"的形象，还形成了一种信息沟通渠道，员工可以将报表上无法反映的情况反馈给领导，使许多管理问题迎刃而解。同时，领导者身居一线是一种对下属有效的考核和激励办法，下属的工作业绩如何，去一线看一看自然一清二楚。领导身居一线是一种企业文化"教育"行为，能将企业的价值观通过身体力行、言传身教的方式传递给员工，可以增强企业组织的凝聚力，这对于企业长期健康发展、持续赢利有着重要意义。

在传统的企业金字塔式管理模型中，企业领导往往根据层层汇报上来的市场信息进行决策，然而这些信息往往有遗漏、偏差。此外，在信息传递过程中，由于人对信息的选择性知觉，人们往往会选择对自己有利的信息，而舍弃对自己不利的信息，他们有可能忽略掉对于领导来说能够准确把握市场真实情况的重要信息。如果领导者身居一线，这一问题就能够较好地解决。因为领导者身居一线，可以站在全局的高度，及时地纠正营销管理中的短视行为，找到短期利益和长期利益之间的平衡。快速获知竞争信息，方能超越对手。

企业的目标就是创造顾客价值，通过创造顾客价值来获取利润和其他目标。然而，最能体现顾客价值的前沿阵地在一线业务，一线业务的创新往往是被有意或者无意地忽视掉，但如果老板能有意识地重视起来，就可能开创出一条新路，可能会成为企业后来居上的关键。

立白公司是一家知名的生产洗衣粉的企业，其实力雄厚，产品很受欢迎。然而，广东汕头的潮阳洗衣粉生产企业在各项资源都赶不上立白的情况下，却超越了立白品牌洗衣粉的销售量。

这一情况是立白的高层在分析市场时发现的，老总们立即总结经验，全面推广，还要求全国经销商和业务员到潮阳开现场会，学习竞争对手的营销模式。

知己知彼，百战不殆。身居一线，领导者可以从竞争对手的终端见微知著，获知对手的动向，快速有效地见招拆招；身居一线，领导者可以更快、更好地协调各部门的行动，以实现统一的战略目标；身居一线不仅可以监督战略执行情况，而且还可以鼓舞士气，了解客户和消费者的需求和反应，及时对战略进行调整；身居一线，领导者可以更好地了解员工、贴近员工、体察民意，无形之中缩短了与员工之间的距离，增进了领导和员工之间的感情，增强了员工的归属感。

企业之间的竞争归根结底还是人才的竞争，优秀人才是企业的宝贵财富，企业领导经常到市场去走访，有利于慧眼识人，培养和储备有潜力的人才，为企业战略的实现提供有力的保障。无论是市场推广模式还是产品创新，抑或是管理模式，企业经营者绝对不可能坐在办公室里就能凭空想得出来。

就像稻盛先生说的那样"灵感大多都源于市场一线"。因为身居一线的业务员和导购员最了解消费者的需求。以此可以看出，身居一线是企业领导们利用熟悉市场的优势，是完善企业管理体系，将企业做大做强的不二法门。

抛除"我"：玻璃般透明的交流，需领导者的"智心"

领导者不应只依赖各项规章制度

俗话说："没有规矩，不成方圆。"这是社会的需要，无论什么行业，都需要制度来约束维持。大到一个国家，小到一个企业、一个家庭，都有大大小小的规矩。"国有国法，家有家规"说的就是这个道理。但是需要强调的是，规章制度并不是一成不变的，它需要随时间而不断调整。就一个国家来说，法律是随着社会经济文化的发展而不断更新变革的。这个道理对企业也是适用的。好的制度能够使企业快速发展，员工积极工作，不好的制度会降低员工的工作积极性，减少企业的效益。所以为了使员工不断上进，保持热情的工作态度，就需要不断修改企业的制度，以适应社会的发展，适应员工的需要。

【人生悟语】

企业想长远发展，不能死守规章制度，应该不断改革创新，企业领导者，既要当好"企业家"，又要当好"心理学家"。

企业经营者必须要修好心理这一课。作为经营者，需要有清醒的头脑：在企业红火时，不能随心所欲地给员工发放奖金；当企业效益不佳时，也不能太吝啬，要学会体谅员工的难处，不要在员工奖金上打太多主意。企业经营者在经营状况良好时大派利市，恶化时就一毛不拔的做法对员工来说是没有任何好处的。员工都是有感情的，只要能好好地揣测员工的心理，制定出良好的政策规定，就能获得员工的拥护，提高员工的热情和工作积极性，这对企业的发展是至关重要的。因此说，伟大的企业家也是伟大的心理学家。

　　稻盛先生作为一个著名的企业家，也被人称为心理学家，他的企业的发展离不开他对制度的不断调整和改革。他在晚年经常参加企业会谈，为年轻的企业家提出宝贵的企业经验。从以下的事例中我们就可以认识到领导者需要不断地改革创新，而不能死守各项规章制度。

　　有一家创立了40年的公司，是最初以生产聚乙烯薄膜为主的合成树脂企业。经过几十年的发展，该公司已成长为一个由五家不同公司构成的集团。其总裁在上任之后，对公司人事管理进行了调查，并对科长级别以上管理人员的绩效考核方式进行了改革更新，为这类管理人员制定了与其所掌握预算相匹配的具体业绩指标，把员工的奖金与业绩捆绑在一起，依照公司的盈亏状况，按一定比例决定公司将要发放的年度奖金总额。并且对于管理人员，在一定范围内拉开各自的奖金和工资增长的差距。虽然总裁一直都在努力实现员工之间人事考核的差异化，但是现状却总是无法得到让人满意的结果，必须不断地进行调整。在公司内部，既有像营销这样容易适用数值管理的部门，也存在与此相反的部门，此外还有不少部门由于所处地区不同，在对这些部门进行考核时，总裁不知道应该采取怎样的标准才好。

稻盛听了这家公司的成长过程后，提出自己的多年的经验。稻盛先生说："对于已创建40年的公司来说，没有什么简单易行的规则可以帮助你对手下员工做出正确的评价。不少企业为了获得客观的考核方法，都采用了成果主义的考核模式。所谓成果主义就是指企业对有业绩提高的员工增加薪酬，对于业绩没有提高的员工则几乎不支付什么薪酬。

"尽管对那些能够顺利完成所定目标，取得一定成绩的员工的确应该予以奖励，然而与此同时，对那些虽然没有实现预定目标，但也为之付出辛劳的员工给予应有认可，这样才不会让员工失去工作积极性。

"企业的经营者在制定了相关的规章制度后就撒手不管的做法表面上看起来当然轻松，然而这样做并非一劳永逸，经营者还必须全身心地倾注心血，亲自去督导手下的员工。以我本人为例，我会出席下属各个部门的会议，在会议上认真倾听员工们的意见，观察他们列举数字进行说明的样子。然后又会在工作之外，在公司举办的联谊聚餐会上再次倾听观察同一个员工的言行，最终足以认清这个人究竟是个'工作好手'，还是个'只做表面功夫的家伙'。与此同时，我也要求自己的干部利用这种方式对手下做出评价。

"我认为在进行人事考核时，关键不在于制定好规章制度，然后依照这个规章制度进行评价，而完全在于经营管理者在日常工作当中，对自己手下的员工到底能够关注到什么程度，并做出合理评判。"

从稻盛先生的经验可以看出，企业领导者需要在企业的效益发展中不断地改变原有经营策略和规章制度，这样才能减少员工的不满，增强企业的活力，员工的积极性提高了，那么就会有更多创新的想法，这样就会为企业的发展提供助力，以利于企业不断进步，取得更大的效益。

综观当代企业，只有不断创新，才能在竞争中处于主动，立于不败之地。许多企业之所以失败，就是因为它们做不到这一点，只是一味地追逐规章制度，受制度的束缚，缺少灵活运用的能力。所以领导需要与时俱进，随着企业的发展不断进行组织变革和创新，通过员工态度、价值观和信息交流，使他们认识和实现组织的变革与创新。

在企业中没有一个一成不变、普遍适用的最优管理理论和方法。企业中人的行为是组织与个人相互作用的结果。通过企业的组织变革和创新，改变人的行为风格、价值观念、熟练程度，同时能改变管理人员的认识方式。可见，领导者不应被各项规章制度所束缚，更应随机应变。只有这样，企业的经营才能蒸蒸日上，取得最好的效益。

领导者应该随时保持一颗谦卑的心

稻盛先生曾说："任何人所拥有的一切，与浩瀚无际的宇宙相比，都只是沧海一粟，微不足道。"

不管你有没有做好准备，今天所拥有的一切，某一天都不会再属于我们，不管我们拥有什么、拥有多少、拥有多久，其实都是暂时的。在激烈的市场竞争中，更是如此，你可能今天还是个百万富翁，明天就成为了街头乞丐。因此，无论何时何地，我们都应保持一颗谦卑的心。

在提到领导者应该具备怎样的条件时，稻盛先生说，一个领导者应该具备这三种心态，即乐观的心、好胜心及谦卑的心。领导者之所以要随时保持一颗谦卑的心，是因为权力与权威会使人道德沦丧、骄矜自大，或以高傲姿态面对众人。

在这样的领导者领导下，团队或许能获得短暂的成功，但不能持续地成长。最后，团队里的人都不想再合作下去了。而且，现在整个社会已经变得越来越以自我为中心，而且我们的判断标准也反映出这种趋势。

如果大家都失去谦卑的态度，一定会产生无谓的、破坏性的冲突。领导者就必须谦卑地承认自己有今天的地位，都是依靠广大追随者的努力。唯有谦卑的领导者，才能创造出一个合作的团队，并引导其走向和谐、长远的成功。

曾经有一个成功的企业家在讲到成功的领导经验时，讲了一个故事：

乌龟看见老鹰飞翔在高空中，俯视万物，非常羡慕。它也想飞到高空中俯视万物，怎么办？它想了想，然后叫来一支竹竿，对老鹰说：“老鹰哥哥，请你叼竹竿的那一头，我叼这一头，把我带上天去游历一下吧。”老鹰答应了。于是乌龟也飞腾在高空中了。世人看见乌龟上天，大大喝彩。大家都忍不住赞叹：“这个法子，是谁想出来的？真聪明！”乌龟一听，骄傲起来，忍耐不住，于是开口答道：“我呀。”哪知这样一喊，竹竿就从口中脱出，乌龟立即摔在了地上，成为肉酱。

很多人一旦到高处，就容易忘了自己是谁，忘了自己是如何上来的，会有骄傲，会自我膨胀，这种高兴、自豪的心情是可以理解的。一不小心，在众人面前露出嚣张的气焰，虽然他们大多也会忍受，会压抑自己的不满，但是终究无法忘记这种不满。而这种不满又会在工作和生活中无意识地表现出来，他们可能会有意无意地抵制你，让你碰钉子。

所以，领导者要时刻保持谦卑心态，不管是在什么时候，不管是在什么工作中，不管是对什么人，领导者都要保持谦卑的心。飞到高处，就更要记得是什么让你飞到了这个高度，飞得越高，头越要低。无须炫耀你的高度，因为你的高度世人都看在眼里。因此有了荣耀时，要更加谦卑，要去感谢他人、与人分享。

帕尔梅首相在瑞典是十分受人尊敬的领导人。他虽贵为政府首相，但仍住在平民公寓里。他生活十分简朴、平易近人，与平民百姓毫无二致。帕尔梅的信条是：“我是人民的一员。”除了正式出访或特别重要的国务活动外，帕尔梅去国内外参加会议、访问、视察和私人活动，一向很少带随行人员和保卫人员。只有在参加重要国务活动时，他才乘坐防弹汽车，并有两名警察保护。有一次他去美国参加一个国际会议，人们发现他竟独自一人乘出租车去机场。帕尔梅从家到首相府，每天都坚持步行，在这一刻钟左右的时间里，他不时同路上的行人打招呼，有时甚至与同路人闲聊几句。帕尔梅同他周围的人相处得都很好。在工作之余，他还经常帮助别人，毫无高贵者的派头。帕尔梅一家经常到法罗岛去度假，和那里的居民建立了密切的联系，那里的人都将他当作朋友。他常常独自骑车闲逛，铡草打水，劈柴生火，帮助房东干些杂活，彼此之间亲如家人。帕尔梅喜欢独自"微服私访"，去学校、商店、厂矿等地，找学生、店员、工人谈话，了解情况、听取意见。他从没有首相的架子，谈吐文雅、态度诚恳，也从不搞前呼后拥的威严场面。这些都使他深得瑞典人民的爱戴。

做一名谦卑的人并不会让高贵者变得卑微，相反，做一个谦卑的人更能赢得人们的崇敬。

谦卑做人是一种品质，是以一颗平和的心看待暂时的成功，而一个人能否赢得人们的尊敬很大程度上也取决于他是否谦卑。

谦卑并不意味着领导者缺乏自尊，遇事顺从或怯懦，谦卑并不等于自卑。自卑的人不知道自己的重要性，以为其他事情都比自己重要，即使他有能力，但他也看不见付出力量的价值，于是就不能表达出自己的能力与重要性；谦卑的人不从一件事情外表上来决定它的价值，真正的价值是要看事情的内容是否实在，是否有力量。谦卑的人肯了解自己的长处，也接纳自己的短处。

谦卑的人既能肯定自己的重要性，也能肯定其他人的重要性，所以他会尊重自己，尊重他人；而骄傲自大的人只能肯定自己的重要性，不会肯定其他事物的重要性。谦卑使领导者能够理解一个浅显的真理：谁都不是全知的，也没有人完全无知。

一个企业领导时刻保持着谦卑的心态，他的下属便愿意和他交流自己的想法，愿意向他提建议或指出新的方案在实行中他们认为可能出现的错误，并建议及时补救或是改正，使得企业的损失降到最低。这样企业的效率就会提高，企业利润也会随之提高。

谦卑是一种素质，如果企业领导者能够拥有谦卑的心态，他就能虚心听取企业各部门各阶层的意见，这样他就能了解企业各个部门的状况，企业员工的情况，有利于对企业的领导和发展，同时也能提高他自身的素质和修养。稻盛先生说过，企业领导者具备谦卑的心，就不会骄傲自大，不会欺诈，也不会轻视他的员工。

稻盛先生认为，如果领导者具备谦卑的心，员工就会对公司有感恩之情，员工也就不会计较个人得失，这样就能形成一种和谐的企业文化，就有利于企业的发展。如果没有谦卑的态度，人们将很难尊重、聆听那些能力远在自己之下的人。

聆听所有与我们相遇的人，而不论他们的智力水平如何。保持一颗谦卑的心，是在给自己的人格魅力增加砝码，是尊重他人，同时也是在提升自己。

经营者也需要用威权来领导手下员工

管理者需要具备均衡的人格。企业就是一个接着一个的重大决策联结成的锁链。有时候即使立场与其他的主管等相左，但是仍然要坚定决心去执行自己的计划。身为主管如果下属犯错，责备必须严厉。在工作中，布置任务一定要严格清楚，并以身作则，运用威权来领导员工。

【人生悟语】

领导者不能每天只是高喊着公司的规定，这样永远无法树立起权威。而是应该以身作则地树立起道德的典范。伪善的领导者在别人犯错误时，只懂得宽容，反而给团体带来迷惑。部下不但无法信赖和尊重主管，整体的道德标准也会随之降低。

威权是一种力量，是权力力量和人格力量的聚合，一旦拥有，就将无往而不胜。威权是领导和管理好一个单位的保证。威权获得途径只有一条，并通过自己的实践去树立、去建立。实践出真知、出权威。一个成功的领导者要获得真正的权威，必须要有刚柔相济的魄力、要有聪明睿智的魅力、要有令人信服的威力。

领导者要想让下属服从并接受你的管理，就必须要有威信。领导者的威信来自两方面，一是权力所赋予的；二是以自身能力、品质争取的。威信是一个合格领导者的基础。没有威信的领导者是无法行使权力的。

稻盛认为，会管理人的领导者，个人威信远远超过权力行使。领导者是把威信发挥到极致，影响他人，从而实现目标的一种人。一个成功的经理人说："在现实世界里，众所皆知的一流经理人，都具有罕见的人格特质，他们处处展现出威信的风范。他们不但能激发员工们的工作意愿，还具有高超的沟通能力。"

领导者在树立威信的过程中，要尊重下属，拥有良好的沟通能力，才能获得正确的信息，才能真正赢得威信和尊重。

领导者经常犯这样的错误：在手下还没有来得及讲完自己的事情前，就按照经验大加评论和指挥。这样既容易做出片面的决策，又使员工缺乏被尊重的感觉。时间久了，领导就成了"孤家寡人"，在决策上也就盲目了。

对于一个优秀的领导者来说，个人的威信或影响力，比职位高低和提供优越的薪资、福利重要许多。它才是真正促使员工发挥最大潜力，实现任何计划、目标的魔杖。领导者更多的是需要令人慑服的威信，而并非仅仅是权力。拥有威信与否，正是一个领导者能否成功的关键。

另外，领导者在员工之间树立威信，其自身的魅力是格外重要的。试想，一个毫无魅力的领导又怎能博得下属的忠诚呢？领导者要想拥有魅力，就必须从自我修炼开始。认真做每件事，在工作中不断提高自己的能力。挑战自己过去难以做到的事、有困难的事，要时刻严格要求自己、提高自己的威信。

有这样一则小故事，就说明了领导者要想树立威信，就必须以身作则，正人先正己。

李离是晋国的一名狱官，由于听从了下属的一面之词，在审理一件案子时，他误判了一个人死刑。多年后，由于真正的凶犯投案，真相才最终大白。

这件事让李离很是羞恼，他来到晋宫，对晋文公说，自己准备以死赎罪，晋文公说："这件案子主要错在下面的办事人员，又不是你的罪过。"晋文公很显然想赦免他。但是李离说："我平常没有跟下面的人说我们一起来当这个官，拿的俸禄也没有与下面的人一起分享。现在犯了错误，如果将责任推到下面的办事人员身上，我又怎么做得出来。"最终，李离拒绝听从晋文公的劝说，伏剑而死。

稻盛认为，正人应先正己，做事先做人。管理者要想管好下属必须以身作则。示范的力量是惊人的。主管的一举一动，员工都看在眼里，身为主管一定要树立一个好的典范，下面的人才有遵循之道。同时经营者要有勇气来领导，真正的力量与财富、名声和体能无关，而是有勇气做正义的事情。

下属对领导的弱点相当敏感，如果领导者不公正，就无法让大家信任。一旦通过表率树立起在员工中的威望，将会上下同心，大大提高团队的整体战斗力。得人心者得天下，做下属敬佩的领导将使管理事半功倍。

领导者必须摆脱"常识"的束缚

很多企业领导人都在研究应该成为怎样的领导者、领导者应该具备哪些特质、应该怎样领导员工才能使企业获益。稻盛通过他经营中获取的经验告诉我们，作为一个领导者，最重要的是有全局观念，必须着眼于全局，要看到商业竞争的大环境、大趋势和自我整体态势，领导者要学会调节各种大目标和各种小目标之间的高度，使它们拥有统一性和发展的协调性。做到这些，重要的一点是领导者必须摆脱常识的束缚。

在企业发展的过程中，必然会遇到一些新问题、新情况。能否打破陈规旧俗和一切束缚人们前进的旧传统、旧观念；能否适应新情况、解决新问题，是决定领导者能否客观有效领导的一个重要问题。具有开拓创新精神是对领导者的基本要求。

稻盛认为，领导者在管理和领导企业员工时，只有打破常识的束缚，挣脱常规观念的约束，具备创新能力，不墨守成规，因循守旧，锐意改革，开拓进取，迎接挑战，不受成规和以往经验的束缚，打破传统模式或习惯，勇于引进或创立新的理念、方式或流程，做到精益求精，并致力于建立一种鼓励员工创新的工作环境，才能在激烈的市场竞争中存活。同时企业领导者要具备对新环境、新事物、新问题敏锐感知的能力，善于捕捉信息，涌现出更多新观念、新设想。

稻盛先生说过："我们若有勇气否定'常识'和传统的科学知识，真正的创造力即可形成。不管你想在哪个领域求得创新——企业、科学或是艺术，没有自由、反传统的精神，你都无法获得真正的成功。"

领导者只有时时都有创意，并激发员工去开创新点子，不断地

【人生悟语】

领导者在管理和领导企业员工时，要能挣脱常规观念的束缚，要有勇于开拓创新的进取精神，就能将这种创新特质转变为企业经营理念，这样就会形成一种善于创新、勇于创新的企业经营文化，在这种文化的影响下，企业才能在激烈的市场竞争中立于不败之地。

在新的领域中挑战自我，才能集聚能量，使潜力得以在瞬间发挥，推动自己的企业迈向成功，否则企业和社会的未来将一片黯淡。只有领导者真正摆脱老框框的束缚，敢想、敢说，不断探索新世界的奥秘，然后再将这种气质传递给下属及员工，使得他们提高工作业绩和工作效率，最终才能提高企业的收益，使企业发展壮大。

自我牺牲是领导者必须付出的代价

稻盛先生说："衡量一个领导人是否称职，关键在于看他是否每天都可以在强大的责任感之下，抱着自我牺牲的精神进行工作。"领导者必须具有抛却私心，竭尽全力，即使牺牲个人利益也在所不惜的勇气。

【人生悟语】

衡量一个领导人是否称职，关键在于看他是否每天都可以在强大的责任感之下，抱着自我牺牲的精神进行工作。

美国哈佛大学管理专家皮鲁克斯有一句名言："管理才能是最好的影响力。"要是一个领导者具备了勇于自我牺牲的精神，那么他的下属及员工就会敬重他，学习他并追随他，转而模仿他，这样他就能鼓舞周围的人协助他朝着他的理想、目标迈进。

克莱斯勒汽车公司的总裁艾柯卡，在20世纪80年代中期的一项调查中，被人们称为"近年来成功领导企业的最佳典范"。艾柯卡管理克莱斯勒汽车公司的成功经验，使他成为全球企业界的风云人物。

艾柯卡之所以能取得如此辉煌的成就，与他的自我牺牲精神是分不开的。艾柯卡在公司出现问题时，他经常主动承担责任。

当然，这样做会为自己招来许多不必要的麻烦，但是他却一直坚持。比如，公司要修建工作间，他不会优先考虑自己，只想便于自己工作使用，而是先想到这样的工作间必须是便于大多数人工作的环境。

领导者只有做出自我牺牲，优先考虑自己的下属，创造令他们感到便利的工作环境，才能够充分调动下属的工作积极性，使他们奋起，并能得到下属的尊敬和信赖。这样，在他手下就形成了一个高度团结的工作队伍，他们不拘泥于既有的规范，敢于创新，敢于行动，因为他们有一个能主动承担责任的领导者。

他的部下和他一样怀着同样的热情工作，企业理想的实现不仅寄托在他身上，他的下属也同样承担了很重要的责任，这样下属的精力提高到"不只是为了自己，还是为了工作"的程度，这样企业就会得到发展。这也是艾柯卡取得了让许多人羡慕成绩的重要因素。

稻盛先生指出，领导应走在员工前面，并且一直走在前面。他们用自己提出的标准来衡量自己，并且也乐意别人用这些标准来衡量他们。优秀的领导就是能不断成长、发展和学习的人。他们愿意付出当领导的代价。为了能不断提高自己的水平，拓宽自己的视野，增加自己的技巧，发挥自己的潜能，他会做出种种必要的牺牲。他们通过自己的努力变成受别人敬仰的人。

如果领导者公道正派、光明磊落、勇于负责、甘于奉献、团结同志、宽容和谐、吃苦在先、享受在后，就一定能够使所在的组织成为一个具有较高亲和力、凝聚力和战斗力的集体；就一定能够形成团结一致，众志成城、所向披靡、无坚不摧的企业团队。

如果一个人具备了上述提及的优秀品格，那么显然，他也具备了成为一个领导者的基本素质。其实，成就的取得，并不仅仅依靠外在的改变，更在于对自我提升的强烈愿望。

无论是勤劳、俭朴、奋斗、任劳任怨还是卓越的进取意识，都是值得花费一辈子去努力精进的品德。只有拥有了这些品德，你才有可能在这个崇尚竞争和拼搏奋斗的社会中使自己的地位得以确立，并得到大家的认可。

稻盛先生认为，领导者一定要有勇气且正直，树立道德典范，言行一致，拥有耐心和勇气，咬紧牙关，把自己奉献给企业。真正的经理人拥有卓越的才智和力量，并能全心全意地领导企业。

一个真正有能力的领导者，要具备全心奉献的能力，要能在强大的责任感之下，抱着自我牺牲的精神进行工作，自我牺牲是每一个领导者必须付出的代价。因为在竞争严酷的企业环境里，员工、顾客和公司的投资方对你的期望都很大。特别是在艰难之时，员工很需要一位强有力且果断的经理人来为大家打气。

第三节

兼容并蓄：人才永远是抵御寒冷的"优质外衣"

"量体裁衣"：内力不济时需靠外援

企业经营需要各种各样的人才，怎样获取这样的人才，怎样任用这样的人才，这是在企业经营中一直困扰领导者的问题。稻盛先生曾经说过，企业经营要充分运用各种人才的优势和所能用到的各地方的人才。这就需要企业"量体裁衣"，并在内力不济时依靠外援。

【人生悟语】

企业要想更好地留住人才，不妨对人才进行分类，看他属于什么样的种类，他究竟是一棵什么样的"树木"，再根据他的"年轮""树型""树质"等，给予不同的培养和任用方式。

在企业经营中所谓"量体裁衣"是指领导者在企业任用人才方面，要"人尽其用"，要善于挑选和任用各种人才。在稻盛先生看来，企业用人必须要打破一个误区，即不要过于短视，而要有长远的战略眼光。"十年树木，百年树人"，因此，不要指望人员招进来，马上就能够按照企业的要求去工作，就能很快产生效益。毕竟，不论是哪类人才，到了企业之后，都要经过企业的"雕琢"和"洗礼"，让他变为企业的有用人才，这样才能更好地人尽其用。

很多企业之所以留不住人才，往往跟企业没有"量体裁衣"有很大的关系。很多企业在选人、用人时，都存在"贪大求全"、追求虚荣的误区，总是把学历、经历、年龄、性别甚至容貌等列为首选或者必选。

很多企业，往往不顾企业自身实际，到人才市场招聘，动辄就是"国家重点院校毕业，研究生学历，工作×年以上……"，等到企业把符合条件的所谓"人才"招聘进来之后，才发现高学历的不见得有高水平，不一定能力强，于是，很多所谓的人才就成了企业的"花瓶"，并且，由于种种因素，这些"花瓶"会慢慢减少，以至企业很受伤——花了钱，却没有起到应有的作用。

稻盛先生指出，企业要想更好地留住人才，要对人才进行分类，看他属于什么样类型的人才，他究竟是一棵什么样的"树木"，再根据他的"年轮""树型""树质"等，给予不同的培养和任用方式，给他一片"沃土"，但不可拔苗助长，只有摒弃短视的心理，企业才能让人才更好地发挥潜力，大刀阔斧地开展工作，真正与企业融为一体，为企业的发展做出贡献。

有一家规模和实力都不大的工程材料公司，厂房都是租赁的，但企业近年来却发展得飞快，原因就在于这家企业善于给人才"量体裁衣"，这家企业在选拔人才和培养人才等方面都是根据自己企业内部发展所需来确定的。它不是通过人才市场这个招聘渠道，而是通过劳务市场，这是两个不同层次的人才市场，但通过后者，这家企业招到了自己需要的人才：虽是下岗工人，女性居多，缺乏营销经验，但这却是一支"威猛之师"，由于他们珍惜工作机会，在工作中格外卖力，还能够根据自己的不足，"恶补"自己需要的"知识营养"，加上这家企业培训做得好，定期邀请营销讲师及企业顾问对员工进行在职培训，因此，企业成长非常快速，目前已经在外省建了分厂。

所以企业要想发展壮大，就得学会"量体裁衣"。要学会"量体裁衣"，企业首先得了解人才的多种需求，满足职工适当的精神文化需求，使人才在自己的工作岗位上感受到优越的企业文化和精神，并产生自豪感，从而激发人才的工作积极性和创造性。在企业中形成一种"人才效应"，增强企业对人才的吸引力，这样可以在内里不济时靠外援。同时，结合企业内部的实际情况，依照企业的目标策略，给人才设置具有挑战性的工作或职位，使其能够在工作中得到发展，不但刺激了人才自我满足、自我实现的需求，也使得人才在实际工作中得到锻炼和成长，以促进企业的可持续发展。

企业需要一个科学、健康的人才选拔机制，把那些具有真正管理能力和高度责任心的优秀人才选用到领导岗位和关键岗位上来，做到"量体裁衣"。只有真正做到量体裁衣，人尽其用，企业在人才任用方面才能人人各司其职，实现合理利用人才，减少企业人才的浪费和流失，企业才能获得长远的发展。

修筑完美的城墙必须建造坚固的石墙

在提到企业经营中人才的任用时，稻盛先生说："构筑组织好比修筑城池。修筑完美的城池首先必须建造坚固的石墙。石墙并非仅由优秀之人构成。巨石之间必须填埋小石块（普通人才）。每个险要之处，若没有巨石间的这些小石块，那石墙必然脆弱不堪，一触即溃。"

【人生悟语】

只有容人之短，才能用人所长，才能使被管理的对象扬长避短，有所作为。

企业是由所有员工共同创造的，企业的发展是所有员工共同努力的结果。因此，领导者要在企业经营管理中要重视每一位员工，公平对待每一位员工，最重要的是信任每一位员工。现在一些企业，无论是所有者、经营者都对员工存在工作上的不信任，对员工态度的好坏依据员工能力的强弱，不够重视员工，员工经常受到不公平待遇，在这种企业中员工不能自发地为企业工作，而只是把企业当作一个驿站。因而企业要建立一种和谐的文化氛围，而不能只靠制度来约束员工的行为，要重视、信任和公平对待每一位员工，让员工能够充分发挥自己的聪明才智。

要修筑企业这堵完美的城墙，就需要建造坚固的石墙。稻盛先生认为，这个石墙可以是企业的硬件设施，也可以是企业的软实力。企业在制度、技术和设施等方面要不断创新的同时，还要注重和谐的企业文化建设。和谐的文化建设就要求企业领导、主管充分信任、重视你的每一位下属，你的每一位员工，对他们委以重任，给予他们充分的权力，放手让他们自主完成工作任务，在这样的环境下，每一位员工的工作热情和积极性都被激发，每一位员工都会努力地工作，努力地奋斗，为企业、为自己去拼搏。成功的企业文化建设能使该企业员工的个体价值观与企业的群体价值观达成统一。

通过企业的不断教化，提高员工的素质，达到人人认可，共同向往并共享这种价值观。只有搞好企业文化建设，员工个体的理念和价值观与企业群体的理念和价值观才能统一，这样企业才能方向一致，目标统一，群情激扬，众志成城，使企业发展形成良性循环。

曾经有一家企业，虽然企业的硬件设施不是很完善，但企业的发展很迅速，在短短的几年时间里，由一家只有一个厂房的企业发展成为拥有多家连锁公司的企业。之所以能有这样的成就，是与该企业领导者尊重、信任和公平对待每一位员工分不开的。这位经营者做到了稻盛先生所倡导的理念。

就是因为他给予员工充分发挥才能的空间，让他们参与管理，让员工参与工作研究、制定目标和标准，他的员工因此工作努力，主动发挥出最大潜能，将工作做得出色、完美。这位领导者还为员工提供个人晋升或成长的机会，当员工的工作完成得很出色时，他恰如其分地给予真诚的表扬与激励，让员工感动、欣慰、兴奋，这样员工积极性更高。他还对全体员工关怀备至，创造了一个和睦、友爱、温馨的工作环境。该企业的员工生活在团结友爱的集体里，相互关心、理解、尊重，产生了满足，愉快的情感。正是这位领导者认识到修筑完美的城墙必须建造坚固的石墙，认识到坚固的石墙要靠各种不同的石块。

他认同了每一位员工的力量，重视每一位员工的自我发展；他认识到每个人都有不同的特质、优点和缺陷；他用人做到了容人之短，用人所长。因为一般才干越高的人，往往缺点也越显著，有高峰必有深谷。他认为存在某种短处的人并不妨碍他在长处方面创造业绩。当他的员工犯错误的时候，他就给他改过的机会，并积极教育引导他们更正，使他们从阴影中走出来，成为更有能力的人才。他从来不会因为员工的偶尔失误就处罚他们，而是强调积极的方面，鼓励他们继续努力；还帮助他们寻找失败的原因，探讨解决的办法，在有益的尝试中得到升华。如此一来，他的员工队伍总体水平不断提高，他的企业也不断受益，最终发展壮大。

修筑完美的城墙必须建造坚固的石墙，坚固的石墙也需要很小、很不起眼的石块，因此修筑企业这堵完美的石墙，就要企业领导者不是要找"十全十美"的员工，而要懂得如何用人所长，把既有所长又存在某种不足的员工，组合成一个有效的整体。

在稻盛先生看来，只有容人之短，才能用人所长，才能使被管理的对象扬长避短，有所作为。支持每一位员工，将自信和力量播种在他们的心田，点燃他们内心的激情之火，对其工作成绩予以认同，员工就能发挥出才能，创造出惊人的效益。

任用人才的关键在于相信人的成长

当今世界，科学技术蓬勃发展，人才在经济社会发展和综合国力竞争中的地位和作用日益突出，人才已经成为国家、企业的第一战略资源。企业想要在激烈的市场竞争中发展壮大，就得善于任用人才，发掘人才，吸引人才。

稻盛先生认为，人才正因为其有过人之处，通常也有恃才傲物的倾向。而且有时候一点点不如意或者看不过去的状况，都是他们不如归去的原因。毕竟对他们来说，选择多的是。根本不会因为找不到工作而担心。是以人才的流动率也往

【人生悟语】
企业应该充分利用自身条件，结合当地经营生产的要求，开展员工的培训计划，提高员工的技能，相信人才的成长。

往很高，而过于现实的管理者在他们心目中的形象是有缺陷的，他们通常认为一个好的管理者，应该是以德服人、德才兼备之人，除了赚钱之外，还需要照顾大家的权利，而不是对员工呼之即来，挥之则去。

要想吸引人才，挖掘到更多的人才，企业领导者就得以德经营。稻盛先生的经营哲学中很重要的一点就是，以德用人。稻盛先生在企业经营中，经常为员工的利益着想，从未因公司或是自己的私利而损害员工的利益，他的经营中重视人才的培养，相信人的成长，才促使京瓷有了今天的成就。

大多数的管理者都会把"以人为本""人才是最重要的资产"等口号挂在嘴上，给员工的培训计划和培训机会也只是表面形式的，这种企业经营中凡事都有"以利益为优先"的法则来处理，给员工的所有利益首先都要考虑企业的利益，只有在不损害企业利益的基础上，才给员工一点好处。在这样的企业中领导者总觉得自己

的企业没有人才，总是在寻找人才。

在稻盛先生看来，作为企业经营者，不能只靠寻找人才，也要适当地培养人才，要相信人才的成长。只有诚心诚意培养人才，相信人才的成长，企业才能将合适的人才放在合适的岗位，这样不但能培养人才，还能吸引并留住人才。

现今很多企业都有这样的状况，刚招聘来的员工往往试用期没过，就纷纷辞职了；而空降过来的高层管理人员，往往合同期未过，有的人就开始"脚底抹油——开溜"，自己投入的大量培养费用白白地打了水漂。其实这些人才是因为这些企业用人机制的不规范，或待遇不公，厚此薄彼，或用人唯亲，无用武之地等，自己不得不另寻出路，最终造成双亏的结局。

有些管理者，视人才而不见，即使发现了人才，也不信任他们、不重用他们，甚至压制和打击他们因而流失或是埋没了人才。这些主管有些是因为害怕下属中有能力太强的，将自己挤下去，有些是对人才的重要性没有充分的认识，认为那些有一技之长的人才总是过于自信和骄傲，成不了什么气候，否定他们的创新理念和改革意见，而自己却外行充内行，一意孤行、瞎指挥。正是由于有这样的主管，企业的业绩才迟迟上不去。

企业要相信人的成长，但同时也要注意不能在企业经营中形成有"不可替代的人才"的局面。很多企业因为某个特殊的人物，带动了企业的发展，甚至通常也随着此人的离开而没落。这也正是稻盛先生指出的，企业留住人才和吸引人才的关键在于相信人才的成长，而相信人才的成长需要企业根据自身特点，营造企业精英文化。

成功的企业文化对企业员工潜移默化的影响有着比物质激励更为有效的作用。积极向上的企业文化会强烈影响企业员工的根本认识，并引导广大职工为企业自觉地去努力工作，自觉护卫企业形象和利益，视企业为家；同时影响该企业的领导风格、领导方式和领导能力。而这些都是企业能否有效吸引人才的主要因素。

企业应该充分利用自身条件，结合当地经营生产的要求，制订员工的培训计划，提高员工的技能，开展以提高企业凝聚力为主题的企业文化建设活动，让员工在紧张的工作之余，能充分享受企业的关怀与温暖。企业在激烈的市场竞争中，充分利用与发挥各种人才的优势，弥补不足，扬长避短，并相信人才的成长，才能在市场竞争中立足于不败之地。

绝不能将老员工弃之不顾

"老吾老以及人之老，幼吾幼以及人之幼"，这句古训名言教给人们做人的道理。在稻盛先生的企业经营中，以做人的道理作为企业经营之道，获得了成功。他坚持"以人为本"的管理经营方式。

【人生悟语】

企业不能以改革为名，损害老员工的利益，只有保障老员工的利益，才能算是对企业的前途负责。

稻盛先生在他的企业管理中始终以"利他"的思想来作为指导。他十分重视员工的利益，即使陷入经济危机，他依然坚定地向员工做出承诺，绝不裁员。当然，他也十分重视在企业中安置、任用老员工。正是由于稻盛先生这种绝不将老员工弃之不顾的人文关怀，使得他经营的企业渡过一次次的难关，跻身世界五百强。因此在企业经营中，领导者要时刻牢记"老吾老以及人之老"，善待老员工，不应该扣减老员工的工资，不该降低退休员工的工资（养老金），不该为老员工的工资比你高而愤愤不平，因为老员工在企业的发展过程中起着不可限量的作用。

老员工是企业中一个特殊的群体。他们是开拓者，是先行者；他们见证了企业的发展历程，与企业一同经历过失败与成功；他们忠诚于企业，所以不能将老员工弃之不顾，要善待老员工，留住这些"宝藏"，他们会继续发光发热，为企业的发展提速，达到企业和老员工的双赢。可能在以后的发展中，正是这些老员工在企业为难之时，坚守岗位，并在生产之余积极参与企业基础建设。企业善待这些老员工，能让新员工从他们身上学到敬业爱岗的精神，企业从他们身上得到的是稳定发展的力量，还能让新员工了解公司的待人之道，让新员工了解公司的福利政策。

每个人都有一个最佳工作的年龄阶段，老员工在企业开创时，奉献自己的精力、体力、才能。过了这个阶段，人创造财富的能力就会下降，如果在这时我们不要人家了，就是不道德。其次是集团的财富不是凭空而来的，而是一步一步地积累起来的；尽管一些老员工因年龄关系不能再工作了，但企业的发展也有他们的贡献，企业的发展成果应该让他们共享。

这样做对内对外都有一种导向作用——今天的新员工，就是明天的老员工，如果你不能善待老员工，哪个新员工还有心在你的企业里待下去？外面哪个人才还敢到你这里来服务呢？其实善待老员工更有助于企业的发展，善待老员工一方面可以给企业做宣传，看我们是这样对老员工的，这将会吸引新的人才；另一方面，老员工相对熟悉公司的各种制度、经营状况，他们可以带新员工熟悉公司，而且要是这些员工是忠于企业的，还可以给新人树立榜样。

善待老员工的企业能形成一种人气旺盛，内和外助的文化氛围，受这种文化氛围熏陶的企业当然能蒸蒸日上，蓬勃发展。有一位企业领导者在谈到成功经验时说，他们之所以能够取得如此骄人的业绩，是全体员工共同努力的结果，企业现在拥有的所有资产不是他个人的，也不是某个股东的，而是全体员工的，因为企业是全体员工创造的。他又说，虽然企业现在吸纳全球各地的人才，但他始终不忘老员工，凡在他企业工作过的人，都能享受很好的待遇，特别是那些开创者，要让他们终身享受丰厚的待遇。

企业领导者应该既要善待新员工，也要善待老员工，因为这些做法能保证企业持续、稳定、快速发展。稻盛先生指出，企业不能以改革为名，损害老员工利益，只有保障老员工的利益，才能算是对企业的前途负责。

企业领导者应该把保证每位员工得到自己应得的利益看成是企业追求的一个最基本的目标。企业是大家的，由大家创造、大家分享企业的一切，最终使企业服务于每个人，这个重要思想一直贯穿在他们的企业活动中。正因为这样，他们的企业才能深深地扎根在每个员工的心中，才能深深地扎根在社会的土壤里，因而才能生机勃勃，日益健旺。

第六章

危机哲学：

在逆境中迎风飞扬

"水库式法则"：把危机当作再发展的平台

工作量减少，就全力开发新产品

稻盛先生的《在萧条中飞跃的
大智慧》一书中，与读者们分享了
他自京瓷成立50年以来，在石油危
机、日元升值以及日本的泡沫经济

【人生悟语】
　　坚持实践高收益的企
业；降低生产成本；大力研发
新产品。

等各种冲击的考验下，对企业经营和管理模式总结出的经验，深深
地启发了大家。

每次京瓷在大萧条过后都如获新生。到底是什么让京瓷能抓
住每个时机迅速成长，是什么让京瓷把艰难的阻力变成腾飞的动力
的呢？

稻盛先生有他独特的应对方式，具体做法就是推行全员营销，
保持高效的生产率并降低生产成本，与此同时，企业应全力开发新
产品。

京瓷曾经大量生产用作纺织机械上的耐磨陶瓷零件。但在第一

次石油危机时，生产纺织机械的厂家门庭冷落，京瓷也因此陷入没有订单的困局，也促使京瓷就此走出了一条"全员营销"和"全力开发新产品"的道路。

当时京瓷的一位推销员到一家位于静冈县的渔具制造厂去拜访。细心的他发现这家生产企业制造的渔竿附带的卷线装置上使用的是金属导向圈，其中天蚕丝线滑动的接触部位就在这里。他向厂家负责人建议道："贵公司生产的渔竿卷线装置上与天蚕丝线接触的导向圈是金属材质的，如果能更换成陶瓷材质的会更理想。因为丝线与金属长期接触非常容易磨损。比如说在纺织机械上，与高速运转的纱线接触的地方，使用的就是耐磨的陶瓷部件。而我们公司就是生产新型陶瓷的，相信使用新型陶瓷是会给贵公司带来很多好处的。"

然而，渔竿的导向圈仅仅是在投竿时滑动，不像纺织机械那样高速转动，并不会在短时间损坏。考虑到价格因素，对方厂家负责人表示暂时不需要。

聪明的推销员没有灰心，为了吊住对方的胃口，继续耐心说道："其实新型陶瓷不磨损只是一方面，更重要的是它可以有效减小导向圈与丝线的摩擦系数。钓鱼时需要先挥动渔竿把鱼钩抛出，若摩擦力过大，就会影响鱼钩抛出的距离。而且，如果使用金属圈，钓到大鱼时，丝线上会产生很大的拉力，如果丝线和导向圈的压力增大，随之摩擦力也会加大，产生的热量会使丝线瞬间熔化。本来钓到大鱼的人激动欣喜不已，而这时却因为导向圈的一个小小部件的摩擦力过大，使得丝线'啪'的一声断掉，这是多么败兴的事啊。"

渔具企业负责人被说得动了心，打算试一试。他戴上手套，先试了传统的金属圈，在渔竿上加了一定的负荷并用力拉，果不其然，渔线应声断裂；之后他换上陶瓷圈，反复试验了几次，渔线完好无损，效果非常理想。出色的效果使该企业决定与京瓷合作，从此，该企业的渔具采用的导向圈均是耐磨陶瓷制成的。

这就是京瓷萧条时期开发出的新产品，新型陶瓷制成的导向圈从静冈走向了世界。现在比较高档的渔竿上使用的都是陶瓷导向圈。产品虽小，用处可不小，这个部件每月可以销出500万个。

稻盛先生将京瓷应对危机时的策略归纳为三个法宝：一是坚持实践高收益的企业，二是降低生产成本，三是大力研发新产品。

坚持实践高收益的企业是说，收益是企业生存的经济命脉，利润是滋养企业成长的血液。有了足够的收益才能使企业有足够的免疫力去抵抗市场萧条的瘟疫。此时的经营者要与员工同心同德、同甘共苦，经受经济危机的考验。

由于经济不景气，企业接收的订单势必就会减少，供大于求的市场竞争也会更加残酷。降低成本就成了企业生存的底线。想尽一切可行的措施和方法来降低成本以待经济复苏，那么经历风雨后的企业必定会有令人艳羡的高收益。

稻盛强调最最重要的是，在经济危机时，要和员工一起钻研，全力开发新产品。每当京瓷遭遇经济萧条，便致力于研发新产品以及开拓新市场。因为在经济不景气时，企业的总体工作量会减少，产量也相应会减少，那么就会有更多的时间用在研发新产品上。无异于一些动物在寒冷的冬季到来时进入冬眠状态，其实是在蓄势待发，积聚能量，等待着春天的到来。一旦经济危机结束，市场开始复苏，这样的企业多半会成为龙头。

在危机时刻，新产品开发和新市场的开拓是至关重要的，它们为企业日后腾飞插上了翱翔的翅膀。对于中国更是如此，中国近年来的经济发展得非常之快，产生的问题可能会更集中。因此，京瓷应对危机的成功案例应该会给中国的企业以更多的启迪。

萧条期是降低成本的唯一机会

经济萧条时期，企业的订单数量、单价不断下降，此时依然要维持赢利十分困难，各个企业都使出撒手锏各显神通，于是萧条时期的竞争更加惨烈。这时必须要彻底降低成本，而且成本的降低幅度要大于价格的下降幅度才行，这样才能抵御萧条给企业带来的巨大冲击。

【人生悟语】

抓住萧条的机会，花心思与全体员工一起下功夫降低成本，甚至在白天关掉走廊和洗手间不必要的照明灯。若此时抱着萧条是市场不景气，企业亏本也没有办法的心态，即使经济恢复了，也难以长期发展，取得的利润也极为有限。

但是，平时企业都在削减成本上尽过最大努力，而且人工费不可能随便降低，若要再次大幅度削减成本，几乎是个不可能完成的任务。

然而，稻盛先生却坚持将降低成本作为应对经济危机的良策，他指出，萧条期是降低成本的唯一机会。

真的毫无办法吗？现在的生产没有任何问题吗？能不能改进一下生产流程，进一步削减费用呢？多思考，多问几个为什么。其实利润和时间一样，像海绵里的水，挤一挤还是有的。既然人工费不能降低，那么就想办法提高每个人的工作效率。多角度重新凝视生产过程的每个环节，在能节约成本的地方下功夫，改变传统的效率低下的生产方式，合并冗赘的组织，彻底实现科学化、合理化管理，在不影响产品质量的前提下削减各种费用，尽可能地压缩产品的成本。

在第一次石油危机时，许多企业受到冲击，他们裁员、临时解雇或让员工待岗在家。而当时稻盛没有这么做，他考虑的是不能让员工失业。但订单减少，有的甚至损失了大半。要干的活减少了，如果这些产品仍由原来的所有人来生产，那么生产效率就会下降，制造现场就会产生松懈的氛围。那么好不容易才提高的生产效率会前功尽弃。作业工序的效率一旦下降，订单数量复原时就难以恢复高生产率了。

要避免此种情况的发生，稻盛想到了更好的处理方法，他把多余的人手从生产线调下来，集中组织他们在哲学培训班学习做人做事的规范，或者去做平时无暇顾及的车间清扫和维修的工作，为经济危机过去之后做准备。以此来保持现场活跃的工作气氛和高生产率。

在经济的繁荣期，可能降低成本的要求不是那么迫切和强烈，因为毕竟订单多，单价也比较高，想降低成本很难。而萧条期却是降低成本的最佳时机：单价下降严重，若按照过去的成本生产肯定得不到利润甚至出现亏损，企业便无法生存下去，既然无路可退，便只能以攻为守，全体员工必须共同努力降低费用。这才是萧条时期企业生存的关键，通过降低成本来扭转企业的劣势，找到降低企业盈亏的平衡点。

困难时对成本做减法，似乎是逃避困难，上演苦肉计，但这是一种积极的策略，能帮企业躲过风雨，是企业实现再腾飞的有力武器。

在几近极限的低价格下依旧保持利润增长，保持企业的元气和活力，努力锻炼成这样的具有能抵御萧条能力的企业体质，那么有朝一日经济复苏，单价复原，销售额增加三五成乃至翻倍就指日可待。毕竟萧条只是一时的，不可能无限期地持续下去。

成本在萧条时期的压缩程度成为影响今后企业的经营发展的决定因素。稻盛先生说："萧条是高收益之源。达不到十分之一的利润率，经营就无从谈起，企业经历了萧条练就的一身本领，将在之后的经济繁荣时期大显身手。"这正是企业经营的诀窍：在萧条期蓄势，在繁荣期待发。

萧条到来，推行全员营销体系

面临经济萧条，企业的经营者任务艰巨，如何执掌经营之舵的问题摆在他们眼前，也许面对危机时刻的到来常常使他们忧心忡忡、食不下咽、夜不能寐。稻盛先生提醒经营者们要认识到萧条是成长的机会，要以积极乐观的态度去闯过难关。

1973年10月，第一次石油危机给全世界都带来巨大冲击。受其影响，这场世界性的大萧条波及日

【人生悟语】

经济繁荣时，企业一味成长，很容易夭折，因为筋骨还不够坚韧；而经历并克服了多次萧条的企业，在成长中形成了许多强有力的筋骨。这些筋骨使企业在逆境中站稳脚跟，是支撑企业再次成长的条件，使脆弱的企业结构变得坚韧强劲。

本。1974年1月，京瓷的订单每月有27亿日元。然而仅仅半年时间，到了同年7月，陡降至不足3亿日元，可谓是重创。尽管如此，这一年京瓷依然创造了没有亏损的奇迹。

京瓷属于制造业，其内部分工明确：研究部门攻研究，技术开发部门搞技术开发，生产部门抓生产，营销部门搞营销。但是自从石油危机以来，每个月的订单大幅下降。由于没有活干，车间里一片冷清。于是稻盛提出建议："让我们实行全员营销吧！员工平时有各自的岗位，平时可能会有很多好的点子。不能让这些宝贵的思想火花在萧条时期暗淡下去，可以在客户那里派上大用场，来刺激他们的潜在需求。销售这件事全体员工都要参与。"

直接参与营销的，像营销、制造和开发部门不用多说，会计之类的间接部门也要参与进来。那些对营销一窍不通、毫无经验的生产人员一开始去推销产品时，尤其是那些过去和人打招呼都会脸红的人做起来会很吃力。但是在萧条期，也要号召埋头现场工作的人去跑市场，亲自拜访客户。那些连客套话也不会讲的、农村出身的老员工，常常是冒着户外的寒冷而又跑得满头大汗，努力地向客户争取订单，这样做最终取得了很大的成果。

京瓷上上下下都被调动起来，他们拧成一股绳，团结一致，向客户提出方案，没有商机也要创造商机，直到拿到订单，直到令客户满意为止。他们要做的不是陪着销售人员跑市场、做助手，而是将自己平时激发出的好想法、好点子和有创意的想法结合到产品中，以一种使人耳目一新的方式向客户推销。这样做的结果，不仅使客户满意，而且使得员工本人也能熟练掌握整个商务流程。萧条时期京瓷的全员销售体系让全体员工对营销有了深入骨髓的体验，把视野从某个部门内部拓展到了整个企业，而且在这个过程中学会了主动思考而不是被动接受。

经济不景气带来的如订单减少等困难是暂时的，不妨放开思路，实行全员销售的战略，发动所有员工去争取订单，改善生产停滞的状况，山穷水尽的局面就又柳暗花明了。

20世纪70年代的石油危机，80年代的日元升值危机，90年代经济泡沫破裂的危机，2000年"千年虫"的危机，半个世纪间，京瓷没有出现过一次亏损。总之，京瓷经历了各种的经济萧条反而不断巩固自己，实现了企业顺利成长发展的目标。

让员工了解争取订单和经营企业有多难

稻盛先生常常对自己的员工讲："只要是为了客户的事情，我们都要去做，销售的基本态度就是要把自己当作客户的仆人一样。"倘若缺乏能为客户全心全意服务的精神，那么萧条期会没有订单可做，即使是繁荣期的订单也恐怕保不住。

【人生悟语】

只要是为了客户的事情，员工都要去做，销售的基本态度就是要把自己当作客户的仆人一样。

让全体员工了解争取订单和经营企业有多难，这一点是十分重要的。不管是不是在销售部门工作，都应该了解在别人面前低头讨订单的难处和辛苦，不论他是属于生产部门、研发部门还是会计部门。特别是营销部门以外的干部，因为让一个外行人当干部的话，企业恐怕很难长久，所以必须要让他们有切身的体会。

在不景气的时候，常有报道说一些生产综合性家用电器的厂家给自己的员工发放自家生产的电器作为奖金，比方说洗衣机、电冰箱、电视机等。稻盛不认为厂家为了减少萧条带来的库存而把积压产品发放给员工是可行之计，全员推销才属上策。

某家用电器厂家也是因为不景气，库存太多而动员全体员工去销售，让他们以卖给员工优惠的折扣价卖给自己的亲戚朋友们。这样一来，员工们全部出动，由于价格便宜，结果仓库存货被一扫而空。仓库里堆积如山的电饭锅、洗衣机、电冰箱都被消化干净。这也让该厂家成功渡过难关。

让员工参与营销是比用实物支付给员工作为报酬更好的做法。让全体员工都体会到作为推销员的辛劳，十分有意义。

很多名牌大学毕业且聪明机敏的担任企业重要干部的人中间，有一些在向客户推销产品时却仍端着知识分子的臭架子，丝毫不懂销售。应该放下身段，积极了解客户需求，以谦卑的态度争取订单。

京瓷所销售的产品是用于工业的新型陶瓷零件，难以靠普通的渠道进行营销。所以必须亲自到需要这些产品的客户那里拜访，一边提出建议，一边试探销路。向客户询问："我们公司是做这种产品的，有没有需要为贵公司做的事情；虽然鄙公司生产的产品特殊，但还是请贵公司考虑一下是否能用得上。"其实，营销中最困难的境地莫过于向客户讨订单了。

让员工参与营销，容易产生同理心：在制造业，哪怕是制造业中拥有最尖端技术的企业，要订单、营销产品依然是企业经营的根本所在。

其实这样的做法往往能产生出人意料的成果。一般来说，企业中生产部门和销售部门的沟通可能存在问题。订单减少时生产部门会责怪销售部门营销进行得不好；销售部门又转过头来埋怨生产部门没有生产出能畅销的产品。

部门之间的互相攻讦和争吵会给企业带来不利影响。但是如果经营者足够明智，让生产人员出去搞营销，他们就会深深体会到营销的难处，这样也便于进行换位思考。换位思考把他们之间的距离拉得更近。生产人员不但增长了销售的经验，而且能理解销售人员的辛苦，便不再抱怨。销售人员也会由衷地感谢生产人员的支持和理解。这样一来，企业中最重要的两个部门和谐了，就能更好地配合开展工作，从而极大地推动企业顺利进行商务活动。

大义名分：比完善制度更重要的是改变人心

无节制的欲望是害我们走错人生道路的"毒品"

稻盛先生把人的欲望看成人类生
存必须具有的本能，没有这些本能，
人类可能就无法保护自己肉体的安
全。他曾经说过一段很形象的比喻：

【人生悟语】

贪婪使人迷惑，总被欲望
牵引，被欲望控制，结果只能
让自己坠入深渊。

人在有食物时如果不趁机吃饱，而又不知何时才能猎捕到下一餐，那
么不留意的话就可能被迫绝食十天半个月，因此人类逐渐养成了这样
的贪心，即不只吃一餐的分量，最好连明天的食物也一并享用。

同时，稻盛先生又把欲望看成是人类的烦恼。他说，这本是造
物主初始之时赐予人类的智慧，为的是让拥有肉体的人类能够自我
防卫。只是有些人擅自滥用了这种智慧，并利用造物主给予的自由
来做坏事。因为是自由的，所以将自由发挥得淋漓尽致，让自己的
欲望恣意泛滥的大有人在，他们大叫着："只要我喜欢，有什么不
可以？"然而自由如果无限制地扩张，结果就会变成日本人口中比

谁都贪婪的族群。他进一步说道："其实欲望本身不是罪恶，凭借欲望毫无节制的为所欲为才是罪恶。"

有个人一天闲来无事便来到河边散步，正在陶醉于河上岸边的风景时，突然发现河的对岸有一朵很鲜艳很漂亮的大红花。这个人很想要这朵花，可是，令他苦恼的是，他必须到对岸才能拿到那朵花，而河上又没有桥，根本没法过去。

看着湍流的河水，这个人有点胆怯，而看到对岸的大红花，他还是抵不住诱惑，脱掉衣服跳进水中游过去。因为河水太急了，游到中间时差点丧了命。

可笑的是，当他游到对岸，刚要去捡起这朵红花时，却发现那只是一个红色的塑料袋。

无奈之下，只得游回去，但是当他又费尽力气回去时，却发现自己衣服被偷了。

贪婪使人迷惑，总被欲望牵引，被欲望控制，结果只能让自己坠入深渊。贪婪使人迷惑，使人在不知不觉中丧失理智，直到付出了沉重的代价时才惊醒为时已晚，让本来的一件好事成了一件遗憾的事情。

稻盛先生很明白其中的道理，所以他在经营过程中总是很注意控制自己的欲望，所以才有今天的成就，一个人创办了两个世界500强企业。欲望是把企业家推向成功的发动机。一个缺乏渴望成功的企业家注定碌碌无为或是凡夫俗子。欲望成就了企业家，同时也摧毁了一些意志不坚定、过度自我膨胀的企业家。很多企业家不会控制欲望，也分不清雄心与野心，从而最终导致企业在一瞬间灰飞烟灭。

1992年，也就是史玉柱创业的第三年，巨人集团成为中国电脑行业的领头羊，史玉柱也成为中国新一轮改革开放的典范人物和现代商界最有前途的知识分子代表。史玉柱先后被评为"中国十大改革风云人物""广东省十大优秀科技企业家"，并获得了珠海市第二届科技进步特殊贡献奖。

史玉柱的事业至此达到了巅峰，此时他刚刚30岁。这时的史玉柱开始迅速膨胀，他认为自己没有做不成的事情。这一年，在事业之巅傲然临风的史玉柱决定建造巨人大厦。史玉柱犯了一些很低级的商业错误，思想极度膨胀，尤其在后来根本就没有战略角度的考虑，没有一个很好的规划，现金流断裂，大楼一加再加，巨人大厦在设计之初只有18层，在不断被加码到72层后，史玉柱并没有因此满足，他要求地基要按照88层来打。按照这种做法，仅预算就需要12亿元。而当时，史玉柱手头能动用的资金只有2亿元。

过度膨胀的自信心使他在做企业战略规划时，完全凭自己的感觉和运气，因而导致失败。

从失败中走出后的史玉柱坦言："直到（巨人大厦）'死'的那天，我好像都没觉得大厦盖不起来，那时候还是没有头脑，缺乏清醒（的判断）。"

这也是稻盛先生从人生经历和企业经营上获得的宝贵经验和教训。欲望总是无止境的，它是个无底洞，总是填不满。对欲望不加控制而变得贪婪的人往往利令智昏，缺乏理智，最终什么也得不到。而且人一旦被欲望控制就会变得越来越贪婪，变得骄横不可一世，总是要获得更多东西才能满足，只想着自己如何获得，如何占有，天天生活在不知足的痛苦之中。

稻盛先生还说道，市场经济充满了凶险和陷阱，具有许多的不确定性和不可预测性，充满机会的同时也充满了暗礁，如果企业家不能有效地控制自己的欲望，极有可能撞上冰山，触礁而沉没。中国的先哲老子在《道德经》中讲道："夫唯不争，故天下莫能与之争。"著名的经济学家亚当·斯密在《道德情操论》中也谈到了一个企业家要学会控制和约束自己的欲望。

所以，每个人都要控制欲望，而不能让欲望控制自己，要始终把欲望控制在一个合理的范围内。欲望可以不停前行，但绝不能出圈。否则，欲望将成为人们走错人生道路的"毒品"，人们要看清楚哪些东西是应该得到的，哪些东西是不应该得到的。这些问题想清楚了，思考问题和做事情才能行止有度，从而让自己无论在商场还是人生道路上都从容不迫，游刃有余。

逆境是调整和再建企业良好关系的机会

企业内部同甘共苦的人际关系是否已经建立，将在困难局势的考验下得以验证，这是一道企业风气的门槛。稻盛先生曾说，经营企业的过程中最重要的关系就是经营者与员工之间的关系，而经济萧条对于调整和再建立企业内部良好人际关系来说正是个千载难逢的好时机。

【人生悟语】

只有经营者爱护自己的员工，积极地用心和员工交流，员工才会理解并体谅经营者的苦心。这样的关系，不是资本家和工人的对立，而是共同怀着一颗为企业谋求发展的心。有了同一颗心，才会使劳资双方的想法一致，相互关怀、相互帮助、相互扶持，共同渡过难关。

稻盛先生谈到了京瓷在石油危机时所采取的措施，营造了更为良好的企业风气，把经济压力转换成为工作动力，实现了企业的又一次大跨越。

1974年，石油危机时期的日本还处于高速经济增长期，每年各个企业的员工的薪水都在大幅度上涨。稻盛考虑到石油危机的影响，便大胆做出一个降薪的决定：上至社长，下至系长，管理层全体人员都降低工资待遇。作为社长的稻盛身先士卒，薪水降了三成。

稻盛的降薪决策在第二年基本薪金上调的背景下再次面临巨大压力，而且时间上非常紧迫。终于，他在1974年年底向京瓷工会提出一个大胆的请求——冻结加薪。京瓷的工会表示理解和接受，决定在1975年停止加薪。而当时日本其他的许多企业都因加薪而使各种问题和矛盾频繁发生。京瓷却为了处理好员工的劳资关系，稳定员工的情绪，及时做出冻结加薪的决定。

上级团体不断给京瓷工会施加压力并批评这个决定。然而京瓷工会不为所动，反而表现出毅然决然的态度：就当下的企业环境来说，冻结加薪的决定并无不妥之处，工会的出发点是齐心协力保护企业的利益，若上级单位不能理解和接受京瓷工会的做法，工会不得不考虑退出上级团体。于是，京瓷工会与上级团体分道扬镳，从中分离出来。

稻盛一直对工会当时的全力支持心怀感激。1976年，经济逐渐复苏，企业元气恢复，业绩喜人，稻盛和夫大幅提高定期奖金，并再次支付临时奖金。为了表达对工会和员工的信任和支持，稻盛将1975年冻结加薪的部分加进奖金中，多支付了这两年22%的加薪。

经过经济萧条的考验，京瓷内部劳资间牢固的信赖关系最终确立。更可喜的是，在这段时间，京瓷的股票价格超过了日本长期以来首屈一指的索尼公司，一跃而成为日本的冠军。

经济萧条的风雨欲来，劳资关系往往最容易不调和。虽然企业境况好时大家都可以说些漂亮的场面话，一旦真正面临经济萧条的严峻局势，经营者需要员工在待遇上做出一定牺牲时，那些冠冕堂皇的话就瞬间全部失效。

比如看起来还算比较圆满的劳资关系，但当经营者提出要削减员工的一部分工资，平时那些看似融洽的劳资关系立即质变为紧张的敌对关系。萧条的灾难降临，企业内部本该一致对外、克服困难，却往往因利益问题的纠葛使得企业众叛亲离、如鸟兽散，甚至公司四分五裂、分崩离析，乃至企业溃不成军、丢盔卸甲，这样的事情并不罕见。

有些经营者满以为员工与企业融为一体，能理解企业经营的困难，在特殊时期能齐心协力，与企业共同经历背水一战。这些经营者在逆境时期就要求员工奋力拼搏，并拥有自我牺牲的精神。然而却料想不到员工们并不买账，反而站出来抵制降薪的决策。这说明企业内的人际关系并不牢固，不足以抵挡经济的大饥荒。

经济萧条是考验企业内部关系的试金石，为此，稻盛先生会抓住任何一个机会和公司的员工交流，努力使大家心往一处想，劲往一处使。他还经常组织酒会，与员工举杯共饮、促膝长谈，来进行面对面、心贴心的交流。

把功夫都下在了平时，一朝大难临头，光鲜亮丽的话就没有必要再说，而是要求员工努力多干活，忍受住薪水不多、奖金全无的艰难，因为他们能真正切身体谅到企业的资金不足、经费缩水，即使这些要求显得有些苛刻。

只要企业中人心混乱的征兆稍露端倪，经营者就应该立刻敏锐地捕捉到，并认真进行反思，反思怎样和员工交流并交换意见，如何与员工重新建立牢固的相互信赖的关系。这是极为重要的。因为顺境时，企业内部关系的裂缝会被繁荣的表象所掩盖；而逆境时，才是真正考验企业的时刻，劳资关系不够稳固就会产生很大裂缝，严重的会使企业气绝身亡。患难时刻方能见人心。

今日京瓷的巨大成功很大程度上归因于经营者和员工在逆境中建立起来的足够牢固的关系，这是企业内部同心协力苦心经营的硕果。同理，对于所有的企业都是经济萧条时的必修课，做足调整和建立企业内部关系的功课，夯实并加强企业的经营基础，那么这门功课势必能获得令人满意的好成绩。

抑制邪恶之心，让善良之心占领思想阵地

勤劳的园丁会种下花种，并时常整理庭园，拔出杂草。其实，我们的内心也有一个花园，鲜花是善良之心，杂草便是邪恶之心。倘若我们期盼得到一个美好的人生，就要在自己的心灵中耕作，播下善念，摒弃恶念，留下纯净的，去除肮脏的。这个过程就是自我反省，每天自省可以扫除心中的邪念，使思想更纯净，让心灵的花园充满鸟语花香、清新高尚。

心灵花园的作物决定了我们的为人：当正确的思想扎根头脑的沃土中，我们就会变成道德高尚的人；当错误的思想丛生于心灵的荒地上，我们就沦为禽兽。思想的种子最终会开出行为之花、结出环境之果。

印度的著名诗人泰戈尔也曾在他的诗作中表达过类似的想法：真我拥有一颗善良、高尚的心灵，但是，在真我的身旁，则是另一个贪欲、利己的自我，如影随形，无法摆脱。他们同居一室，无论真我走到哪里，自我就跟到哪里。

正因为如此，我们才有必要反省自己的邪恶、贪婪和卑贱，以此来磨炼自己的灵魂和心性。

在经营方面也是如此，作为一位企业家，同时也是一位修行者的稻盛常说：要想扩展经营就要提高自己的心性。没有一个善良的灵魂，想搞好经营便无从谈起。

做任何一件事情，能怀着为了他人、为了大家、为了社会、为了世间的善良的想法，这样的愿望就一定能实现。

相反，如果是出于自私自利的邪恶欲望，那么这样的愿望即使一时得逞，也难以长久，最终会以失败告终。因此在每天结束后，回顾当天的自己，对照做人的准则，扪心自问有没有自私自利的言行，十分有必要。

人人都希望自己的内心是一片开满鲜花的美丽乐土。抑制自己的邪恶之心就是拔除心灵的杂草，播种下自己喜爱的鲜花，精心灌溉、施肥，时时修剪，就是培育善念，让善良之心占领思想阵地，时时反省自己，使善念在心，便似备受神明眷顾，一切有如神助。只要坚持进行下去，便可以收获成功，采摘幸福。

树立光明正大，符合大义名分的崇高目标

稻盛先生认为，在创办企业的时候应该明确企业的目的。他说，赚钱，养家，这些并不错，但是仅靠这些目的，要凝聚众多员工，齐心协力办好企业是不够的。因此，目的与意义必须是高层次、高水准的，换句话说，必须树立光明正大的经营目的。而如果企业找不到一

【人生悟语】

赚钱，养家，这些并不错，但是仅靠这些目的，要凝聚众多员工，齐心协力办好企业是不够的。因此，目的与意义必须是高层次、高水准的，换句话说，必须树立光明正大的经营目的。

个崇高的奋斗目标，甚至企业的奋斗目标连自己都不能有效说服，那就像人一样搞不清自己为什么活着，那还有什么意义，企业也就没有存在的必要了，即使短暂存在，也一定会遭到淘汰。

稻盛先生指出了经营的真意，在他看来，经营者必须为员工物质与精神两方面的幸福而殚精竭虑，倾尽全力，必须超脱私心，让企业拥有大义名分。他认为，这种光明正大的事业目的，最能激发员工内心的共鸣，获取他们对企业长时间、全方位的协助。同时大

义名分又给了经营者足够的底气，可以堂堂正正，不受任何牵制，全身心地投入经营。

荷兰银行是一家享誉世界的国际性金融集团，有近两百年历史，其在全球60多个国家和地区拥有超过3000家分行，全职员工约10万多名，在世界上拥有3000多家分支机构，是世界上拥有银行网络最大的银行之一。

当一位记者问一位荷兰银行的高管为什么荷兰银行能做到这种程度时，这位高管回答道："因为我们的目标是透过长期的往来关系，为选定的客户提供投资理财方面的金融服务，进而使荷兰银行成为股东最乐意投资的对象及员工最佳的职业发展场所。"

稻盛先生从内心深处理解了员工们的愿望，并意识到企业经营应有真正的目的。这目的既不是"圆技术者之梦"，更不是肥经营者"一己之私腹"，而是对员工及其家属现在和将来的生活负责。他把"在追求全体员工物质与精神两方面幸福的同时，为人类和社会的发展与进步做出贡献"作为京瓷的经营理念。因为企业作为社会的一员必须承担责任。

稻盛先生感慨道：企业创建不久，就转变并明确了事业的目的与意义，明确了公司的经营理念，这真是幸事。而后50年企业所取得的一切发展，都不过是贯彻这一正确经营理念的必然结果。

作为企业，如果把追求最大利益作为至高无上的目标的话，其结果便是不符合大义名分，其结果将会是以社会的整体利益作为牺牲。若忽视了社会责任，漠视公共利益，企业的寿命必将不长。企业的目标足以影响一个企业的成败，符合大义名分的企业目标不仅为企业指明了方向，而且使企业的每一名员工明确了工作的真正意义，激发出工作热情，更能让员工对企业、对客户、对社会倾注更多的热情和心血。这样一来，企业上下都为了顾客，为了社会而努力工作。这样的企业怎么可能得不到社会的认可，怎么可能会昙花一现？

迪士尼从1923年建立以来，就把"用我们的想象力给千百万人带来快乐"作为企业的奋斗目标和终极使命。迪士尼乐园董事长保罗·普莱斯勒告诉记者："迪士尼主题公园不管坐落在世界的哪个地方，经营管理理念上的四条原则始终不变：保证我们的客人舒适安全；保证我们的职员彬彬有礼；保证我们的演出充满神奇；保证我们的业务具有高效率。"

无论什么时候，迪士尼带给我们的永远都是快乐的记忆，所以，迪士尼百年不倒，而且享誉全世界，它刻画的卡通人物更是深入人心。一个公司的奋斗目标必须是组织能胜任而又能被环境所接纳的责任才是合理的，目标要符合所选择事业发展的趋势，而且目标的确立本身是自觉的、真诚的，并且公司所有的行为都是围绕公司的目标在进行，才能被客户、员工和社会所认可接纳，才能激励公司的员工为实现其目标而奋斗。

稻盛先生指出，树立光明正大、符合大义名分的崇高目标，不仅要为员工着想，激发员工努力工作的欲望，让员工与自己风雨同舟，共同奋斗。同时，还要为社会的发展和进步做出贡献，也就是说企业要有明确的社会责任感，在创造效益，追逐利润的同时，顾全大局服务社会，切实履行社会责任。社会责任越来越成为衡量一家企业品质的标准。

只有财富和社会责任的结合才能够赢得真正的尊重。否则，一个在民众期待其承担社会责任和义务的时候却退避三舍或者敷衍了事的企业，必将被民众所不齿。

没有斗志的人应该趁早退位

稻盛先生所理解的斗志并不是粗野，并不是张扬暴力，而是像母亲保护孩子时不顾一切地努力。格斗所需要的斗志，经营也必不可少。性格温顺、没有斗志的人，应该趁早把领导的交椅让给斗志昂扬的人。

【人生悟语】

我们是初次参赛的非专业团队，而且起步晚。包括大企业在内的先头部队已跑完了全程的一半。反正我们是无经验、无智慧的新手，出发又晚，倒不如一上场就全力疾驰。

稻盛先生提出斗志的观点是基于两个方面的原因。一是基于当代企业之间激烈的竞争。不管说得多么难听，竞争毕竟是弱肉强食，无论大企业还是小企业，经营者如果缺乏"斗魂"，不能为企业发挥昂扬的斗志，将必败无疑。二是基于社会因素。随着企业的成长，为了保护企业不受侵犯，就需要有格斗士一样的斗志，需要有压倒对手的大无畏的气魄。有时经营者不得不遭遇极为棘手、极为难堪的局面，沧海横流，方显英雄本色。

越是凶险的关头，越能考验经营者的斗志。京瓷创业之初，公司上下都很辛苦，稻盛先生把公司骨干召集起来说了这样一席话：

"我虽不太懂企业经营是怎么回事，但可以把经营比作马拉松，是长距离、长时间的竞赛。我们是初次参赛的非专业团队，而且起步晚。包括大企业在内的先头部队已跑完了全程的一半。反正我们是无经验、无智慧的新手，出发又晚，倒不如一上场就全力疾驰。"

京瓷正是有了稻盛先生这样充满斗志的经营者，才取得了如此之大的成就。无论如何也要达到目标，这一斗志的强烈程度是成败的关键。身体累了，我们可以休息一会儿，思想累了，我们的斗志没了，那我们就永远休息了。

很久以前，为了开辟新的街道，伦敦拆除了许多陈旧的楼房。然而新路却久久没能开工，旧楼房的废墟晾在那里，任凭日晒雨淋。

有一天，一群自然科学家来到这里，他们发现，在这一片多年未见天日的旧地基上，这些日子里因为接触了春天的阳光雨露，竟长出了一片野花野草。

奇怪的是，其中有一些花草却是在英国从来没有见过的，它们通常只生长在地中海沿岸国家。这些被拆除的楼房，大多都是在古罗马人沿着泰晤士河进攻英国的时候建造的。

这些花草的种子多半就是那个时候被带到了这里，它们被压在沉重的石头砖瓦之下，一年又一年，几乎已经完全丧失了生存的机会。但令人意外的是，一旦它们见到阳光，就立刻恢复了勃勃生机，绽放出一朵朵美丽的花。

其实，人的生命也是如此。一个人，不管他经受了多少打击，也不管他经历了多少苦难，一旦爱的阳光照耀在他的身上，他便能治愈创伤，便能重获希望，便能萌生出新的生机，哪怕是在荒凉恶劣的环境里，也依然能够放射出自己的生命之光。

在挫折和逆境中保持着旺盛的斗志蓄势待发的人，就像被埋藏了数千年的花草种子，只要发现成功的转机，就会迅速地发芽开花。

斗志昂扬，努力去实行，可能会失败，也可能达不到预想的目标，但是如果你没有斗志，很多事情想都不敢想，更何况去做了，怎么会成功？人必须有斗志，没有钱，我们可以去赚；没有经验，可以通过实习或工作总结；没有社会关系，我们可以通过自己的努力去实现，这些都不可怕。而一个人没有了斗志，就如同失去了方向，就会过得很茫然，走向弯路甚至是不归路，悔之晚矣。

为了经营以及各种问题所困扰，苦闷彷徨是经营者的家常便饭。这就是许多小企业面临的要不要把企业做大的困惑，有些企业经营者胸无大志，小富即安，自己都没有把企业做大做强的斗志，这个企业就一定做不大。一个企业能够做多大很大一部分取决于企业经营者的斗志。

一位教授在给MBA课程的学生上课时，当他讲到如何把企业做大时突然被一位老板学生打断。

这位老板学生一脸自负的样子，说道："请问教授，听了您的课，我受益匪浅，也特别想把企业做强做大，但是仔细一想，我为什么要把企业做大，现在企业的规模和赢利水平让我活得很舒服，如果把企业做大，我能得到多大好处，我岂不是很累？"

企业经营者也是人，都会经历迷茫和困惑，但不要把不如意当成自己斗志消沉的理由，不要自怨自艾，自我放弃，生命需要自己来承担，命运需要自己来把握，越是能昂起斗志，越是能找准方向，就能越早走出困境，也就越容易在人生道路上取得成就，创造精彩。只有没有斗志的人才会找不到方向，找不到出路，当然也不会进步。

一些企业，为抵御外敌而保护企业员工的经营者是少见的，相反只知道明哲保身的经营者却很多。

如一些大公司或银行这样有巨大社会影响的企业，发生丑闻后，经营者往往推卸责任，而让部下引咎辞职。这是因为选错了领导。挑选经营者不应该只看能力，应该把有斗志，也就是为了保护企业、保护员工，哪怕粉身碎骨也在所不惜的人，选作经营者。即使受到威胁，受到中伤和诽谤，即使面临损失或灾难，仍然毫不退缩，坦然面对，坚持原则，坚决做出对公司有利的判断，这就需要真正的斗志。

稻盛先生举了一个形象的例子，当老鹰袭击幼鸟时，母鸟会奋不顾身地冲向强大的敌人，即使是小动物，也会表现出惊人的勇气和不可思议的斗志。经营者在履行命令的时候，少不了这样的斗志。平时看不出有什么斗志，但是为了保护广大员工，一旦面临危险，作为经营者应该立即挺身而出。如果没有这种气概，经营者就不可能赢得员工们由衷的信赖。这样的经营者还不如趁早退位。无论面对多大的困难，无论这个世界让你多么受挫，我们都要充满斗志，坚持走下去，直到迎来久违的第一缕阳光。

天地一纸隔：突破困局，只需遵照简单法则运行

不要建立没有把握的计划

有这样一个典故：

北宋著名画家文同，字与可，画竹子的功夫出神入化，每天都有很多人登门求画，并问他画竹子的诀窍。

【人生悟语】

经营者只有建立有把握的计划，才能在市场的浪潮中，趋利避害，捕捉机会，勇往直前。

原来，文同在自己的院子里种满了各种各样的竹子，每天他都站在竹子面前仔细地观察竹子的颜色、形状、长短、粗细，并在细细品味琢磨之后画在纸上。

久而久之，只要有人来请他画竹子，他一提笔，平时观察到的种种竹子，便一一呈现在脑海里，所以每次画竹子据说是闭着眼睛都能画得非常传神。当被问到为什么画得如此绝妙的时候，他总是说："我只是把心中琢磨的竹子画在了纸上而已。"

于是，后人有句话赞叹："与可画竹，胸中有成竹。"

这就是胸有成竹的典故。

稻盛先生认为，商场如战场，竞争如战争，特别是企业与企业之间的竞争更是一场没有硝烟的特殊战争。在这场战争中，消费者在选择市场，经营者在争夺市场，成者君临天下，败者一蹶不振。成王败寇的道理显而易见。所以，经营者制订企业计划，一定要有十足的把握，一种新产品的推广，一个新项目的设立和研发，都需要经营者深思熟虑的计划，科学预见，做好充分的准备。一个有把握的计划，不仅代表着将来的经营成果，更是企业的方向，甚至关系到企业和经营者的命运。经营者面对复杂的市场形势要制订有把握的计划，主要是靠对市场进行调查，客观地分析瞬息万变的市场，进而制定自己的发展战略。一个经营者要掌握市场的动态，就必须提高自己的分析和判断能力，就必须对市场进行调查。因为市场调查是企业制订计划的依据，也是第一步。

稻盛先生正是通过市场调查，认准了商机，制订了胸有成竹的计划，才步步为营，稳扎稳打，创造了京瓷这个企业帝国。中国有句古话叫"知己知彼，百战不殆"。在竞争中，将竞争对手作战动机、作战方略做出清晰的分析判断，首先在头脑中与竞争对手做一个无形的较量。这个无形的较量经过反反复复的沙盘推演，经过经营者的不断推敲，从而得出一个有充分把握的商业计划。兵家常言，不知民情难为相，不知敌情难为将。所谓定计在先，先要料敌。掌握竞争对手的动态是经营者在企业经营过程中审时度势的谋划，是制订具体计划之前的必要判断。

柳传志曾经说过："在联想，大家可以积极地要求我们跟美国人拼一把，但我可得算准了，赢不了会死得很惨的。"

正因为联想集团经营者对制订的计划的信心和把握，不急于冒进，才有了今天的联想帝国。凡事预则立，不预则废。作为企业的经营者，要上马新的项目，必须进行这个项目的可行性分析，从多种计划方案中选择最有把握的，慎重做出决策。

稻盛先生进一步提出建立有把握的经营计划的重要途径，即及时准确地获取商业信息。市场瞬息万变，一开始制订的计划可能在当时信心十足，但是经过一段时间，由于市场的变化，套用老路已经不适应新的形势，因此，必须制订新的可行计划，而且制订的新计划一定要准确符合市场形势的变化。在此过程中，信息尤为重要，商战首先就是信息战，谁能准确及时地获取信息，谁就可以率先制订出市场计划，谁就拥有了捷足先登的优势。

地产大王朗普说过："我做生意很保守，总做最坏的估计。"他说的是一种守势经营，只做自己有把握的生意。稻盛先生就是在守势中把京瓷的势一步步造大的。任何一个企业与其竞争对手相比，不论是在资金，还是产品质量都有高低强弱之分。实力弱的企业如果不制订有效的计划去跟实力雄厚的企业拼个你死我活，无异于以卵击石。而实力强的企业如果自以为势不可当，而不把小企业放在眼里，制订计划盲目乐观，不考虑实际情况，其结果很可能是市场地位削弱，地位不保。因此，一个真正有把握、有效的计划应该是全面分析敌我形势，避强击弱，舍难打易，趁机而入。

稻盛先生认为，经营者只有建立有把握的计划，才能在市场的浪潮中，趋利避害，捕捉机会，勇往直前。无论是进攻性的计划还是防御性的计划，都应该经过经营者具体全面的分析，灵活运用进攻战略和防御战略，灵活运用先发制人与后发制人的策略。而这一切都得益于企业有把握的计划。

企业的长远成功来自顾客对公司的尊重

稻盛先生在经营过程中把顾客的利益放在首位，把赢得顾客的尊重当成企业的战略目标，因为稻盛先生懂得，一个企业要获得长远发展必须有强大的顾客支持做后盾。

【人生悟语】

从长远来看，讲求信誉是企业最低的经营成本，最有效的经营方式，也是最难做到的，但却最能赢得顾客的尊重。

当顾客购买企业的产品或服务后，他们会判断自己的购买决策是否正确，通俗一点讲就是他们花的钱值不值，产品或服务是否真正满足他们的需求。

当这一切都得到肯定的回答时，顾客消费完之后便会不由自主地第二次购买你的产品或服务。此时，企业毫无疑问已经得到了顾客的信赖。同时顾客还会将消费感受通过口碑传播给其他顾客，扩大产品的知名度，提高品牌形象。如果企业能够继续保持下去，唯顾客至上，而不是利益至上，在潜移默化中这个企业已经赢得了顾客的尊重，这样的企业将会有美好的发展前景。

而相反，当顾客在使用或消费自己购买的产品或服务时，发现产品或服务不符合其购买预期，或者不能满足其基本要求，甚至给顾客造成伤害，顾客就会不满甚至诉诸法律。不能满足"上帝"，企业别说是赢得他们的尊重，就连生存都成问题。因为"上帝"也有维权意识，他们会抱怨，会投诉，会把同样的感受告诉其他潜在的顾客，甚至会走司法途径解决，这样会给企业造成很大的负面影响。试问，企业如果陷入这样的境地还能长久发展下去吗？

日本东京某酒店的电梯坏了，该酒店安装的是三菱公司的电梯。于是大堂经理便愤怒地拨通了三菱公司的售后服务电话。

售后服务听到投诉立马道歉说："对不起，是我们的错，我们马上派人去修。"

15分钟后，三菱公司的售后维修队来了，带头的人来到酒店便鞠了个躬连连说："对不起，我们的错，我们马上维修。"

然后，维修队逐层开始检查电梯，从一层到顶层仔仔细细检查一遍后，一队人气喘吁吁地下来，此时大堂经理走上前去问是什么原因。

带头的人忙鞠躬说："是我们的错，我们发现楼顶上有不明来源的水。如果您不介意，请随我到楼顶看看。"

一切如那个带头的人所说，当他们来到楼顶时发现一个水箱，正是这个水箱漏水，然后滴到电梯的开关盒上，导致短路。而那个水箱则是酒店的员工放上去忘记拿下来的。

很明显，这本不是三菱电梯的错，但是那个带头的人又一次道歉："对不起，这是我们的产品，是我们的错。我们会在5天内给您装上一个防水的盒子。"

在接下来的5天里，三菱公司每天都打电话询问电梯的状况，直到第五天他们准时来到酒店装上防水的盒子。

大堂经理感动至极，在公司会议上专门强调只信赖三菱电梯。

三菱公司之所以能做大做强，就是靠自己的诚信经营赢得了顾客对公司的尊重。就像稻盛先生所说的，决定企业成败的不是企业的知名度，而是企业能否得到顾客的尊重。而顾客的尊重就体现在企业的信誉度上。企业的信誉度越高，是顾客对企业越尊重。日积月累，这种企业信誉已经形成一种巨大的无形资产。这种信誉看不见摸不着，却可以给你带来源源不断的利益，它是顾客对企业发自内心的尊重。

一位司机开着车走进一家维修店修车。修完车后，司机对修车师傅提出了个要求："在我的账单上多写几个零件，我回公司报销，有你一份好处。"但是，修车师傅断然拒绝了这个司机的要求。

可是这名顾客还是没完没了地纠缠道："我在一家运输公司上班，生意做得不算小，以后会经常到你这儿来修车的，咱们可以建立长期合作关系。"修车师傅知道这个顾客是什么意思，但是他不为所动，仍然拒绝了。

司机火了："就没见过你这样的傻子。"

修车师傅也怒了："请你马上离开，这事我无论如何不能做，你的生意我也不做了。"

这时，这位顾客露出微笑，并握住修车师傅的手敬佩地说："我就是那家运输公司的老板，你赶我走了我找谁谈这笔生意呢？"

企业生于顾客，死于顾客，这是亘古不变的真理。在波涛汹涌的经济大潮中，有多少企业不堪一击，又有多少企业经历风雨却依然屹立不倒。无论成败，它们都在验证着这个道理。而它们之所以命运不同，原因就在于有没有把顾客放在首位，努力建设企业良好的信誉，获得顾客的尊重。这是一个复杂的系统工程，这其中，诚信是基础，人们都希望生活在一个诚信无欺的环境中，纵观企业的兴衰成败，没有一项事业不是建立在"无诚不信"的基础上的。它贯穿于企业管理的全过程，每一次对顾客的诚实相待，每一次对顾客的信守承诺，都将赢得顾客的尊重和赞赏。

稻盛先生有着长远的眼光，他不在乎一时的"吃亏"，因为在当今经济形势下，从长远来看，讲求信誉是企业最低的经营成本，最有效的经营方式，也是最难做到的，但却最能赢得顾客的尊重。企业要得到持久的成功和发展，功夫要下在赢得顾客的尊重上，技术可以培训，制度可以安排，但是企业的生存理念是学不到的，模仿不来的。唯有顾客至上，信誉至上，赢得顾客的尊重，企业才能长久不衰。

建立客户接受的价格体系

稻盛先生把定价当作领导的职责，他的价格观念是，价格应该制定在客户乐意接受，公司又能赢利的平衡点上。产品的定价要遵循市场规律，讲究定价策略，不同的价格水平会对企业的利润、销售额和市场占有率产生不同的影响。企业对产品的定价，不仅要考虑产品的成本费用，还要考虑到市场对该产品的供求变化，能够为客户所

【人生悟语】

市场导向是市场经济的游戏规则，而以人为本是现代企业的生存法则。再好的产品，如果不能为市场和客户所接受，也注定要以失败告终。

接受。否则企业产品的价格会陷入一厢情愿的境地。

产品定价要考虑客户的消费水平和消费习性，同一种产品面对不同的客户，价格是不同的。一般来讲，用于儿童、女性、团体消费的产品价格相对较高，企业多采用高价位；而对于家庭消费的产品价格相对要低，采取低价位，这在经济学上叫作差别定价法。不同的消费人群使用不同的价格，都能为客户所接受，这样就可以使产品最大限度地符合市场需求，促进产品的销售，有利于企业获得最佳的经济效益。

这种价格体系是以客户也就是市场为导向的定价方法，市场导向是市场经济的游戏规则，而以人为本是现代企业的生存法则。再好的产品，如果不能为市场和客户所接受，也注定要以失败告终。在定价时，企业需要识别消费者类型、价格敏感性、用途以及使用方式等基本要素，制定人性化的价格策略。稻盛先生举了一个简单的开面馆的例子：

小小的一碗面条可谓是千差万别，经营者不同，做法也完全不同。

首先考虑是机制面还是手拉面，放牛肉还是红烧肉，要不要加葱等。然后考虑面馆开在什么地方、营业时间，以及面对的消费群体。这些都确定后，最后决定定价。如果开在学生街，就要把价格下调，薄利多销；而如果开在闹市区，不妨做高档美味拉面，定价可以上调，即使卖得少，照样可以赢利。

稻盛先生的这种定价方式是以需求，即客户的消费能力为基本依据，确定或调整企业营销价格的定价方法。具体说就是在产品的供给成本相同或基本相同的情况下，利用产品物质属性的差别和不同客户对同一产品的不同偏好及评价和接受程度来进行差别定价。这种差别定价的目的是要在客户满意的基础上，使得一定量的产品销售利润最大化。

在现代营销中，尽管非价格竞争作用在增长，但价格仍然是影响销售的重要因素，是营销组合中的关键因素。定价是否恰当，不仅直接关系到产品的销量和企业的利润，而且还关系到企业其他营销策略的制定。营销中定价策略的意义在于有利于挖掘新的市场机会，实现企业的整体目标。在市场经济条件下，价格决策已成为企业经营者面临的具有现实意义的重大决策课题。

稻盛先生极其看重客户对价格的影响力，他说，制定的价格合理与否，最终并不取决于生产者或经营者，而是取决于客户，也就是消费者。消费者愿意支付的价格高低取决于产品满足消费者欲望程度的高低，及企业产品提供的效用的大小。产品效用的大小，不仅取决于该产品本身的物理属性，而且还取决于消费者的感知和评价。

稻盛先生还指出，客户接受的价格体系还要考虑到顾客的心理作用。有一项调查显示：标价99.97元的商品和100.07元的商品，虽仅相差0.1元，但前者给购买者的感觉是还不到"100元"，后者却使人认为"100多元"，因此前者可以给消费者一种价格偏低、商品便宜的感觉，虽然只是一种错觉，但却让客户很容易产生购买欲望。

美国、加拿大等国的消费者普遍认为单数比双数少，奇数比偶数显得便宜，所以，在北美地区，零售价为49美分的商品，其销量远远大于价格为50美分的商品，甚至比48美分的商品也要多一些。而在日本企业却多以偶数，特别是"零"作结尾，这是因为偶数在日本体现着对称、和谐、吉祥、平衡和圆满。

稻盛先生对客户心理可以说把握得很精准。他认为客户基于自身需求的迫切程度、支付能力以及对市场供求状况的认知等，对其所想购买的产品都有一个价值判断。这个判断通常就是消费者对该产品认知程度的反映，是通过对产品的偏好程度、对产品功能的评价与同类产品比较得出的。当产品价格与消费者对其价值的理解和认知水平相同时，就会被消费者所接受，反之，则难以接受或不接受。

产品的价格由买卖双方的相互作用来决定，所以决定价格的基本因素有两个，即供给与需求。若供大于求，价格会下降；若供小于求，价格则会上升，这就是市场供求规律。由此看来，市场的一切交易活动的价格的变动都受这一规律的支配。正如西方经济学家亚当·斯密所说的是"看不见的手"在指挥着经济活动。所以，供求关系必然会成为影响价格形成的重要因素，它是制定产品价格的一个重要前提。这里的需求便是客户的接受程度。

因此，企业在生产某一产品前，首先要估测客户对该产品可能做出的理解水平，并以此制定价格，建立客户可以接受的价格体系，然后再根据价格预测可能的销售量、生产能力、生产成本等，最后推测有无利润，决定生产还是放弃生产，这才是一个成功企业应走的道路。

坚持雇用，确保就业是王道

在传统观念里，由于经济不景气，企业为降低成本渡过危机就要裁员，等危机过后，被裁的员工有的可以重返公司，而有的就永远离开了。这些雇主认为，适当裁员，是对表现不佳的员工进行淘汰的必要手段，能使公司提高竞争力，优

【人生悟语】

裁员就是裁掉企业的发展之源，危机也好，萧条也罢，企业收缩战线、砍掉一些长期不赢利的项目或发展乏力的项目也是正常的举措，但仅仅这样并不能真正帮助企业渡过危机。

化公司人员素质。稻盛先生非常反对这种观念，他认为，不论面对何种危机，坚持雇用、确保就业才是王道。在他看来，不管遇到怎样的困难，经营者都不能只考虑自己如何生存，要与员工风雨同舟，互相扶持，共渡难关。

稻盛先生指出，裁员就是裁掉企业的发展之源，危机也好，萧条也罢，企业收缩战线、砍掉一些长期不赢利的项目或发展乏力的项目也是正常的举措，但仅仅这样并不能真正帮助企业渡过危机。因为企业的通病并不是靠裁掉几个员工或者降低几个人的薪水就能治疗的。企业只有系统地解决问题，才能在危机下积蓄力量，渡过难关，获得比竞争对手更快的发展速度。

日本南部的姬岛从"二战"后面临最为严峻的经济衰退，走出了一条坚持雇用的魔法公式：雇员们牺牲工资和规律的工作时间，以确保每个人都有工作。无论是姬岛的政府机构，轮渡公司还是海产养殖和医院都按照这个公式渡过危机。

这个魔法公式40年来一直应验着，日本厚生劳动大臣表示，分

享工作是一个"革命性的概念"，而且是一个能够在极端经济时期保持工人团结的源泉。日本的很多大型出口企业都采用了"分享工作"的理念，并将其作为支撑自己渡过经济难关的口号。

日本探索出的这条分享工作的道路是利于雇主和雇员双方的一种道路，雇员在有工作、有收入的情况下，也会有更多的时间和精力学习。而雇主只需要准备一个工作地点和设备，就可以完成必要的工作，减少事假缺勤，完成以老带新，削减重复劳动等多项指标。

稻盛先生一向以利他的思想指导自己经营，他认为，企业经营者自己没有为企业的发展制定长期发展目标，这个账不能算在员工身上。一个企业高管的工资和工作成本不只是一个普通员工的多少倍。俗话说，瘦死的骆驼比马大，这个账很简单，一算就明白，企业经营者一降薪就能解决很多员工的就业问题，而一般的经营者往往不会自甘降薪，而是大刀阔斧地裁员。

一个很有名的首席执行官说过："裁员——只能说明领导者没有能力。"裁员，对企业来讲只是节省了一点点的资金。但是对企业的员工产生的是不信任，大难来临，各自单飞。况且这些被裁的职工因此没有了经济来源，失去了收入便难以生存。那么经营者的社会责任在哪里？员工怎么能死心塌地地跟着经营者？

2009年，全德国宝马公司的26000名员工竟在2月和3月减少工作时间，以应对发生的经济危机导致的市场疲软。

公司的人力资源负责人哈拉尔·克鲁戈表示："在艰难时刻使用灵活和弹性的管理方式来保证就业，是公司保持稳定和强大的关键之一。"

宝马公司的策略是明智的，该公司之所以能享誉全世界，与企业经营者能够设身处地为员工着想，深知坚持雇用的王道是分不开的。稻盛先生指出，很多经营者低估了裁员上的无形花费，如遣散费、法律纠纷费用等，公司和雇员双方都可能损失惨重。裁掉工资低的新人效果不明显，而裁掉了熟练的资深员工则会降低公司的总体实力，并且会大大影响员工对企业的信誉。

没有谁面对公司的裁员还能心平气和地工作，不可能让一个天天担心失业的人给公司想出什么绝妙的好点子。而一旦情况好转或者工作需要，公司就要额外付出重新招聘和培训人员的费用。同时，裁员还会给公司带来一些潜在的危险，比如，老员工带走的客户群，在很多情况下是花多少钱也难以挽回的，可以说是得不偿失。甚至一些企业运转良好的时候，常常大量雇用新人，本来是期待公司进一步发展，但却很容易造成人浮于事，加重企业的负担。一旦遇到不景气，这些公司往往又是最先裁员，形成恶性循环。

在稻盛先生看来，在企业处于困境的时候，员工是可以理解的，如果一味裁员，必将失去人心。面对困难要做的不是想着怎么节约成本，裁减员工，更应该多关心员工，这个时候也更能抓住员工的心。

确保就业才是王道，换回员工的归属感和责任心，这就为企业增加了一笔无形资产。只有当企业以仁爱之心、利他之心，确保员工的就业，坚持雇用（因为经营者和员工是利益共同体，一损俱损，一荣俱荣），以积极的态度来对待危机，通过齐心协力、风雨同舟，才能使企业渡过难关，才能取得最后的胜利。

图书在版编目(CIP)数据

稻盛哲学精要 / 王光波著.--北京:中国华侨出版社,2019.10（2020.8重印）

ISBN 978-7-5113-7979-5

Ⅰ.①稻… Ⅱ.①王… Ⅲ.①稻盛和夫（Kazuo, Inamori1932–)—人生哲学Ⅳ.①K833.135.38②B821

中国版本图书馆CIP数据核字（2019）第185542号

稻盛哲学精要

著　　者：王光波

责任编辑：刘雪涛

封面设计：冬　凡

文字编辑：胡宝林

美术编辑：潘　松

经　　销：新华书店

开　　本：880 mm × 1230 mm　1/32　印张：8　字数：180千字

印　　刷：三河市新新艺印刷有限公司

版　　次：2020年6月第1版　2021年10月第5次印刷

书　　号：ISBN 978-7-5113-7979-5

定　　价：38.00元

中国华侨出版社　北京市朝阳区西坝河东里77号楼底商5号　邮编：100028

法律顾问：陈鹰律师事务所

发 行 部：（010）88893001　　　传　真：（010）62707370

如果发现印装质量问题，影响阅读，请与印刷厂联系调换。